ATRIUM

AF202561

Viele Menschen wissen, dass sie sensibler mit ihren Daten umgehen sollten, die wenigsten verstehen, warum. Dieses Buch ist eine mitreißende Aufklärung und zugleich eine überzeugende Handlungsanweisung.

Ein Leben in Freiheit erscheint uns selbstverständlich – ebenso wie sein Schutz durch unsere Grundrechte. Doch tatsächlich schwebt unsere Freiheit in höchster Gefahr. Wenn wir nichts tun, verlieren wir sie an den Überwachungskapitalismus, an Rechtspopulisten oder unseren auf Sicherheit fokussierten Staat.

Bijan Moini legt mit diesem Band einen alarmierenden Weckruf vor. Er skizziert anschaulich die Situation unserer Freiheitsrechte, erläutert ihre immense Wichtigkeit und fordert zu konkreten Handlungsschritten auf – dabei sind nicht nur politische Entscheidungsträger gefragt, sondern jeder Einzelne von uns.

Bijan Moini

Rettet die Freiheit!

Ein Weckruf im digitalen Zeitalter

Atrium Verlag · Zürich

Für Lio.
Seine Zukunft.
Seine Freiheit.

»Freiheit war eine bis ins 21. Jh. verbreitete
Ideologie, wonach jeder Mensch ohne Zwang
zwischen unterschiedlichen Möglichkeiten
entscheiden können sollte.«

Seite »Freiheit«,
in: Googlepedia, Die Enzyklopädie.
Bearbeitungsstand: 21.02.2120, 23:55 UTC.

Inhalt

Einleitung

Durch das digitale Zeitalter kann man sich wunderbar treiben lassen. Onlineshops, Facebook, Netflix, Wikipedia, Computerspiele, Twitter. Es ist ein schönes Leben, in dem wir alle Freiheiten genießen und das wir uns ganz so einrichten können, wie es uns gefällt. Jedenfalls will man uns das glauben machen. Denn tatsächlich sind wir Getriebene, prüfen atemlos den Puls auf unserer Smartwatch, ackern uns durch Hotelbewertungen, schnappen bei jedem Brummen nach dem Smartphone, verlieren uns in einem Strudel YouTube-Videos. Das hat System, und dieses System hat einen gewaltigen Haken. Daran hängt, zappelnd, unsere Freiheit.

Wenn wir nichts dagegen tun, bestimmen bald Algorithmen unser Leben, nicht mehr wir selbst.

Doch die Technik ist nicht das Problem. Es sind die Unternehmen, die uns vermessen und manipulieren. Die Rechtspopulisten, die uns belügen und einschüchtern. Der Staat, der uns überwacht und verdächtigt. Sie alle spannen uns ins Joch und befriedigen dafür unser Bedürfnis nach Spaß, Empörung und Sicherheit. Es ist ein weiches Joch, das sich gut anfühlt, während es uns die Würde raubt.

Aber noch können wir die Prediger des Algorithmus davon abhalten, die Menschheit in ein neues Mittelalter zu stürzen – in dem der Einzelne sich unterordnet, keiner Religion diesmal, sondern überlegenen Maschinen.

Um das zu verhindern, müssen wir 1. verstehen, wie wir durch das kopflose Streben nach einem sorgenfreien Leben unsere Freiheit und unsere Würde verlieren. Wir müssen uns 2. darauf besinnen, wie wertvoll diese Freiheit ist. Und wir müssen 3. Wege zu ihrer Rettung finden, ohne die Vorteile der Digitalisierung aufzugeben.

Denn das ist möglich: eine digitale Zukunft, in der wir frei, selbstbestimmt und in Würde leben. Um sie zu erreichen, ist die Politik ebenso gefragt wie jeder Einzelne von uns.

1.

Unsere Freiheit ist so groß und so gefährdet wie nie!

Der Alltag unserer Vorfahren war lange von Hunger, Krankheit und Naturkatastrophen beherrscht, ihr Selbstverständnis beherrschten Götter und Fürsten. Bis sie vor einigen Hundert Jahren ihr Schicksal in die eigenen Hände nahmen. Revolutionen von Amerika bis Russland haben die Fesseln der Religion und der Monarchie gesprengt, haben sie durch Vernunft und Volksherrschaft ersetzt, vor allem aber haben sie den einzelnen Menschen in den Mittelpunkt unseres Denkens gestellt. Wir selbst, nicht höhere Mächte, bestimmten fortan unser Leben.

Das Bürgertum und eine von kirchlichen Dogmen befreite Wissenschaft brachten uns drei weitere, diesmal industrielle Revolutionen: die Mechanisierung, die Massenproduktion und die Informationstechnik. Jede Stufe sorgte für Verwerfungen und ordnete die Machtverhältnisse neu: Intelligenz verdrängte Kraft, Maschinen Menschen, Industrielle den Adel, geistiges Eigentum das materielle. Mit der Digitalisierung stecken wir bereits in der vierten industriellen Revolution.

Alles wird in digitale Formate umgewandelt und miteinander vernetzt. Im Haus, im Auto, im Büro, in der Wissenschaft, der Kultur, den Medien. Die Digitalisierung verspricht uns ein gesünderes Leben, bequemere Fortbewegung, mehr Sicherheit, bei guter Führung vielleicht sogar ein bedingungsloses Grundeinkommen.

Aber wenn Technik Probleme löst, schafft sie allzu oft auch neue. Ihr bislang größtes Opfer ist das Klima, ihr nächstes könnte unsere Freiheit sein. Denn um unsere Träume zu verwirklichen – so sagt man uns –, müssen auch wir digitalisiert werden. In den Datenbanken von Staaten und Konzernen entstehen digitale Alter Egos von uns, über die wir nicht selbst bestimmen.

Noch leuchtet bei zu hohem Adrenalinspiegel keine Anzeige auf, noch warnt bei schlechter Laune kein Signal die Umgebung. Aber unsere vielen Interaktionen mit der digitalen Welt werden längst aufgezeichnet, gespeichert, analysiert und verwertet.

Das macht uns verletzlich. Eine ganze Branche lebt davon, unser Verhalten vorauszusagen und uns zu verführen. Jeder kennt ihre mächtigsten Vertreter: Google, Facebook, Amazon. Sie haben gelernt, aus gigantischen Datenhalden Gold zu gewinnen. Die künstliche Intelligenz (KI) ist ihr feinstes Sieb. KI hilft ihnen auch, immer mehr Daten von uns zu sammeln, indem sie unsere Aufmerksamkeit durch die Empfehlung immer neuer Videos und Nachrichten bindet. Das wissen Dritte für sich zu nutzen. Am schamlosesten der neue Rechtspopulismus, der für seine frei-heitsfeindliche Rhetorik und Politik Facebook, Twit-ter und Co besser gebraucht als jeder andere. Statt das zu verhindern, ist der Staat im Namen der Sicher-heit selbst damit beschäftigt, uns zu vermessen und vorzuverurteilen. Jeder wird erfasst und kategorisiert, immer öfter durch Algorithmen.

Diesen Gefahren für unsere Freiheit im täglichen Handeln und Denken setzt das geltende Recht nicht genug entgegen. Deshalb müssen wir bei allem Stau-nen über die Wunder der neuen Technik um unsere Freiheit fürchten, die Kapitalismus, Rechtspopulis-mus und Sicherheitsstaat in ihre digitalen Mangeln nehmen. Denn durch diese Mangeln passt nur ein glatter, transparenter Mensch.

Grundrechte schützen die Freiheit, aber nicht vor Manipulation

Freiheit genossen lange nur die Eliten. Die Stammes-führer, die Priester und Fürsten, die Plantagenbesit-zer und Industriellen. Es dauerte lange, bis Sklaverei und Leibeigenschaft abgeschafft, bis Rechtsstaat und Grundrechte eingeführt waren. Das ist noch immer nicht überall gelungen. Trotzdem sind heute mehr Menschen frei als je zuvor. Nicht frei, tun und lassen zu können, was sie wollen, sondern frei vom Willen anderer. Dank dieser individuellen Freiheit können wir unsere Interessen offen artikulieren und durchsetzen, können wir sein, wer wir sind, sagen, was wir denken, glauben und lieben, woran und wen wir möchten, können wir sehen, lesen, hören, was uns gefällt.

Diese individuelle Freiheit schützen die Freiheitsrechte. Sie sind in erster Linie Abwehrrechte gegen den Staat. Er darf uns das Leben nicht nehmen und uns nicht verletzen, er darf unsere Religionsausübung nicht beschränken und uns nicht den Mund verbieten, unser Eigentum nicht antasten und unsere Berufswahl nicht beschränken – es sei denn, es gibt dafür einen triftigen Grund, und der Eingriff in unsere Rechte ist verhältnismäßig. Der Staat ist darüber hinaus sogar dazu verpflichtet, uns vor der Verletzung unserer Grundrechte durch Privatpersonen und Unternehmen zu schützen. Deshalb muss die Polizei eingreifen, wenn uns jemand attackiert. Und deshalb darf der Staat den Betrieb von gefährlicher Technik wie einem Atomkraftwerk nicht einfach Privatunternehmen überlassen, ohne Regeln für die Sicherheit zu formulieren.

Verbürgt sind die Freiheitsrechte in unserem Grundgesetz, in der Charta der Grundrechte der Europäischen Union und in der Europäischen Menschenrechtskonvention. Dank dem Recht auf effektiven Rechtsschutz können wir sie einklagen vor deutschen Gerichten bis zum Bundesverfassungsgericht, vor dem Europäischen Gerichtshof für Menschenrechte in Straßburg und vor dem Gerichtshof der Europäischen Union in Luxemburg.

All das ist nur etwas wert, weil auch die Inhaber der physischen Staatsgewalt – also die Behörden, die Polizei, das Militär – unsere Rechte und uns recht gebende Gerichtsurteile weitgehend respektieren.

Voraussetzung für die Wahrnehmung unserer Rechte ist aber, dass wir auch in einem anderen Sinne frei sind. Die Achtung der Freiheitsrechte ist nur eine notwendige, keine hinreichende Bedingung für wahre Freiheit. Man muss auch die Freiheit besitzen, frei zu sein, wozu es nach der Philosophin Hannah Arendt der Freiheit von Not bedarf.

Im digitalen Zeitalter bedeutet Freisein sogar noch mehr. Es bedeutet, überhaupt einen eigenen Willen formen zu können, frei zu sein von Manipulation.

Diese Dimension der Freiheit wird – von uns weitgehend unbemerkt – aus verschiedenen Richtungen heftig angegriffen. Und darüber bröckeln auch die Freiheitsrechte selbst.

Angriff durch künstliche Intelligenz

Die Informationstechnik (IT) hat sich rasend schnell entwickelt. Den weiten Weg von der Entzifferung verschlüsselter Botschaften im Zweiten Weltkrieg bis zum digitalen Simultanübersetzer hat sie in wenigen Jahrzehnten zurückgelegt, und das mit zunehmendem Tempo. Die Speicher wurden größer, die Prozessoren schneller, die Softwareprogramme komplexer. Das mooresche Gesetz, wonach sich die Leistung von

Computern etwa alle zwei Jahre verdoppelt, gilt noch immer.

Die IT hat viel hervorgebracht, das wir nicht missen wollen. Wir haben mit dem Smartphone Telefon, Navigator, Videokamera und Fotoapparat, Bankschalter und Briefkasten, Spiele und das ganze Internet stets in der Hosentasche. Wir können zu Hause auf Befehl unseren Lieblingsfilm sehen, unsere Einkäufe erledigen oder Abendessen bestellen. Wir können unsere Liebsten immer und überall erreichen, nehmen über soziale Medien am Schicksal von Fremden teil und vernetzen uns mit Gleichgesinnten. Ohne die Fortschritte in der IT hätte sich die Medizin nicht so schnell entwickelt, nicht das Ingenieurwesen, auch nicht die Kunst. Kanzleien müssten noch mühsam in Bibliotheken nach passenden Urteilen suchen, Unternehmen ihre Einnahmen und Ausgaben in einem Buch führen und Bands ihre ersten Songs für viel Geld in einem Studio aufnehmen. Das Fliegen wäre unsicherer, ein Kochrezept teurer.

Aber all das ist nichts im Vergleich zu dem, was künstliche Intelligenz bereits leistet und noch leisten wird. Seit alles digitalisiert wird, scheint kein Problem mehr vor ihr sicher. Aber wie funktioniert künstliche Intelligenz eigentlich und was kann sie bereits leisten?

KI kann doch nur Muster erkennen –
KI kann Muster erkennen!

Die KI hat gerade erst Laufen gelernt, da winkt an jeder Ecke der Aufstand: Selbstfahrende Autos revolutionieren den Verkehr, Smartwatches das Gesundheitssystem, Datenanalysen und Gesichtserkennung die Polizeiarbeit, YouTube und Netflix die Unterhaltung, Amazon das Einkaufen, Google die Suche nach Informationen, Facebook die Kommunikation.

Bei allem spielt KI eine beständig wachsende Rolle. Dabei ist sie noch nicht einmal besonders schlau: Sie kann sich keine eigenen Ziele setzen, erfüllt immer nur eine einzige Aufgabe und braucht für fast alles menschliche Anleitung. Allerdings ist sie uns – genügend Daten und Rechenleistung vorausgesetzt – hoffnungslos darin überlegen, Muster zu erkennen. Das klingt banal, hat aber unabsehbare Folgen. KI-gestützte Software kann auf Fotos Tiere, Gegenstände und Handschriften erkennen, in Klickverhalten Charakterzüge und in Augenbewegungen Interesse. Und sie schlägt die Besten der Welt im Schach, im asiatischen Brettspiel Go und beim Poker.

Möglich ist das, weil Computer heute gigantische Datenmengen in kurzer Zeit verarbeiten und aus ihnen lernen können (maschinelles Lernen). Früher mussten Menschen Regeln definieren, nach denen Computer operierten. Heute lernen sie dank KI die

Regeln selbst. Ähnlich wie wir Menschen, nur sehr viel schneller und präziser. Zum Verständnis hilft der Vergleich mit einem Vater, der seinem Kind beibringen möchte, was eine Katze ist. Er sagt ihm nicht: »Eine Katze ist ein Lebewesen auf vier Beinen mit Fell, Schwanz und langen Schnurrhaaren an der Schnauze, das ›Miau‹ macht«, sondern er zeigt auf eine Katze und sagt: »Das ist eine Katze.« Das wiederholt er so oft wie nötig. Zeigt das Kind im Park auf einen Hund oder im Zoo auf einen Puma und sagt: »Katze«, korrigiert der Vater es. Im Hirn des Kindes bilden sich neue Verbindungen, bis es verstanden hat, was das Tier ausmacht. Sieht es nun eine Katze, aktiviert das bestimmte Neuronen, die schließlich korrekt signalisieren: »eine Katze«.

Maschinelles Lernen funktioniert vergleichbar. Menschen markieren in unzähligen Fotos und Videos Katzen und trainieren damit das Programm, das über ein dem menschlichen Gehirn nachempfundenes neuronales Netz verfügt. Fast jeder hat schon einmal eine KI trainiert, nämlich bei der Lösung sogenannter Captchas, in denen man durch die Markierung von Ampeln oder Fahrzeugen oder durch das Erkennen einer Hausnummer beweisen soll, dass man ein Mensch ist. Je größer der Trainingsdatensatz, desto sicherer wird die Maschine später auf einem unbekannten Foto das gesuchte Objekt erkennen. Deshalb sind große Datenmengen (Big Data) so wertvoll und deshalb verbreitet sich die Technik erst jetzt so schnell. Nicht mehr – aber auch nicht weniger – ist KI heute. Unternehmen und selbst Behörden setzen in unzähligen Bereichen auf sie. Denn die Technologie verspricht schnell, zuverlässig, fair und pausenlos jede Aufgabe zu erfüllen, die festen Regeln folgt.

Und das sind nicht gerade wenige.

Das Versprechen der KI: ein sorgenfreies Leben

Dank KI verstehen Smartphone-Assistenten unsere gesprochenen Befehle, übersetzen Programme Texte simultan und findet Legal-Tech-Software die entscheidenden Klauseln in komplexen Verträgen. KI bestimmt, welche Onlinewerbung wir wann in welcher Form sehen. Sie bestimmt auch den Preis, den wir für einen Flug bezahlen, je nach Datum, Uhrzeit der Buchung und genutztem Endgerät. Sie bringt Robotern das Laufen und sogar das Riechen bei und kann auch schon Gedanken lesen.

Die Polizei nutzt KI zur Vorhersage von Wohnungseinbrüchen (Predictive Policing). Am Berliner Südkreuz testete sie bis Sommer 2018 intelligente Videokameras, die in Echtzeit die Gesichter von registrierten »Gefährdern« erkennen sollen. Ebenfalls mit Algorithmen analysiert die Polizei die Daten aller Passagiere internationaler Flüge, um Menschen zu identifizieren, die in Zukunft (!) eine Straftat begehen könnten. KI hilft Kliniken bei der Erkennung bestimmter Formen von Krebs, etwa auf Röntgenbildern, und bei der Vorhersage gefährlicher Verschlechterungen der Gesundheit von Menschen, die im Krankenhaus liegen, zum Beispiel durch akutes Nierenversagen. Sie kann bereits das Pfeiffersche Drüsenfieber diagnostizieren, ebenso Hirnhautentzündungen oder seltene Krankheiten, die Ärztinnen und Ärzte nur schwer erkennen. Sogar das voraussichtliche Sterbedatum soll sie in bestimmten Fällen anhand von Röntgenbildern ermitteln können. Und sie erleichtert die Analyse von DNA, was bei der Entwicklung individueller Therapien helfen wird.

Unsere Gesundheit werden auch selbstfahrende Autos schützen. Nur dank KI können ihre Kameras Verkehrszeichen, Menschen und Hindernisse erkennen. Ein vollständig automatisierter Verkehr soll Unfälle vermeiden, die Umwelt schonen, uns Staus ersparen und wäre auch noch günstiger.

Selbst bei der Partnerwahl ist KI im Einsatz. Dating-Apps schlagen uns mit ihrer Hilfe Menschen vor, die besonders gut zu uns passen sollen. Dazu analysieren sie die Auswahl anderer Nutzerinnen und Nutzer mit gleichem Geschmack oder bringen Menschen mit ähnlichen Attraktivitätswerten zusammen. Im Fernen Osten ist man da noch weiter: Ein einsamer Japaner heiratete 2018 vor 40 Gästen eine synthetische Popikone, Miku Hatsune, die virtuelle Verkörperung einer künstlichen Gesangsstimme. Roboter werden in Japan dank KI auch als gesprächige Gefährten in der Altenpflege eingesetzt, und das mit einigem Erfolg.

In manchem Beispiel schlummert ein ungeheuerliches Potenzial der KI: menschliche Arbeit überflüssig zu machen. Wenn KI Kriminelle finden, Krankheiten erkennen, Autos fahren, Singles verkuppeln, alte Menschen pflegen und so vieles mehr kann – warum sollten wir uns dann nicht einfach zurücklehnen, Maschinen für uns arbeiten lassen und unsere knappe Zeit auf Erden genießen? Sind wir nicht auf dem direkten Weg ins Paradies?

Nein, sind wir nicht.

Das Problem der KI: Sie bedroht unsere Freiheit

Jeder Mensch hat Geheimnisse. Dinge, die uns zugestoßen sind. Verhalten, für das wir uns schämen. Gedanken, die wir für uns behalten möchten. Kein Mensch will, dass jeder alles über sie oder ihn wissen kann. Aber in einer digitalen Welt wird das zunehmend schwierig. Allein daraus, *wie* wir uns im digitalen Raum bewegen – wie viel Zeit wir darin verbringen, wo wir uns aufhalten, mit wem wir kommunizieren –, erstellt KI extrem genaue Persönlichkeitsprofile. Sie kann auch schon an unserer Mimik Gefühle ablesen. Und bald liest sie Gedanken.

Wenn aber jeder überall immer heimlich beobachtet wird und wenn unsere Interessen, unser Verhalten, unsere Gefühle, ja selbst unsere Gedanken gespeichert, analysiert und verwertet werden, wenn das immer treffendere Rückschlüsse auf unser Innerstes und unser künftiges Verhalten zulässt, dann geht etwas verloren. Dieses Etwas ist schwer zu greifen. Vielleicht, weil es vorher nie in Gefahr war.

Auch das Bundesverfassungsgericht hatte dieses Problem bei seiner ersten Begegnung mit der Digitalisierung. Im Jahr 1983 entschied es im Rahmen einer Volkszählung über die elektronische Verarbeitung persönlicher Daten. Im deutschen Grundgesetz stand und steht nichts zu deren Grenzen. Deshalb entwickelte das Gericht ein neues Grundrecht, das auf den ersten Blick sperrig klingt, aber schon beim zweiten Blick den Nagel auf den Kopf trifft: das Recht auf informationelle Selbstbestimmung. Es gewährleistet die Befugnis des Einzelnen, grundsätzlich selbst über die Preisgabe und Verwendung seiner persönlichen Daten zu bestimmen. Die freie Selbstbestimmung ist notwendiger Teil der Würde jedes Menschen, wie sie Artikel 1 des Grundgesetzes garantiert.

In der digitalen Welt bestimmen aber nicht wir, sondern andere. Alles, was wir im digitalen Raum gesagt, getan oder auch nur gedacht haben, ist in unserem digitalen Alter Ego verewigt. Wir sind gespalten, verfügen nur noch über den physischen Teil, sind Geisteigene digitaler Fürsten. Wir werden vom würdevollen Subjekt zum verfügbaren Objekt. Das Subjekt handelt, das Objekt wird gehandelt.

Und der Handel nimmt zu, weil die digitale Welt im Begriff ist, die reale zu verdrängen. In einer digitalisierten Welt kommt es nur noch auf unser Alter Ego an. Wir müssen vorliebnehmen mit den ihm angebotenen Diensten und Produkten, Suchergebnissen und Dating-Vorschlägen, Nachrichten und Liedern. Wenn unser digitales Ich gefährlich wirkt, haben wir die Polizei am Hals. Die Entscheidungen darüber treffen Algorithmen. Widerspruch ist unmöglich, denn was will man einem Algorithmus entgegenhalten, dessen Entscheidungsfindung nicht einmal seine Programmiererinnen und Programmierer nachvollziehen können?

Noch schlimmer ist, dass wir mit der *Möglichkeit*, selbst zu entscheiden, auch die *Fähigkeit* dazu verlieren und mit der Fähigkeit das Vertrauen in uns selbst.

Einst fuhren nur die Wenigsten nach den Anweisungen von Navigationsgeräten. Die frühen Fahrhilfen führten uns in Sackgassen, kannten keine Einbahnstraßen, konnten uns nicht zuverlässig orten. Die Landkarte lag immer griffbereit im Handschuhfach. Irgendwann aber funktionierten die Geräte so gut, dass wir lieber auf sie statt auf den Beifahrer hörten. Heute hören wir nicht einmal mehr auf uns selbst.

Früher vertrauten wir Gott, uns den rechten Weg zu weisen, dann unserem Verstand, nun dem Navigationsgerät. Dieses Schicksal blüht auch höheren Aufgaben: der Polizeiarbeit, der Architektur, der Medizin und auch der Programmierung von Software selbst. Algorithmen manipulieren unsere Wahrnehmung, im Netz schon längst, und über Datenbrillen bald auch in der realen Welt. Sie registrieren und verfolgen jeden unserer Schritte.

Und nebenbei bereichern sie ihre Schöpferinnen und Schöpfer bis ins Unermessliche.

Angriff durch das Kapital

Die Geschichte der Menschheit ist eine Geschichte vom Kampf um Selbstbestimmung. Wir erkämpften uns Freiheit von Fremdherrschaft und göttlichen Regeln, von Konventionen und dem Patriarchat. Die wichtigste Schlacht werden wir gegen uns selbst führen. Gegen unsere eigene Biologie. Gegen unsere Manipulierbarkeit.

Selbstbestimmung ist streng genommen eine Illusion. Wir entwickeln uns aus einer Samen- und einer Eizelle, die aus wenig mehr als den Codes bestehen, die unsere Entwicklung zu einem vollständigen Menschen bestimmen. Einmal auf der Welt, prägen uns Einflüsse, die wir nicht steuern können: Familie, Freundschaften, Schule. Konventionen, Gesetze, Ideologie. Erfahrungen, Geschichten, Kultur. Diese Einflüsse formen Regeln, nach denen unser Gehirn fortan auf Reize reagiert, Gedanken und Handlungen auslöst. Neurowissenschaft und Philosophie sind sich mittlerweile weitgehend einig, dass es keinen Geist, keine Seele gibt, die unabhängig von den physikalisch-chemischen Prozessen im Gehirn bestimmt, was wir denken und wie wir handeln. Vielmehr *sind* wir ebendiese Prozesse. Und solange sie frei sind, sind wir es auch. Wer aber die Regeln unseres Gehirns durchschaut und die Reize kontrolliert, die darauf einwirken, kann uns beeinflussen. Darin liegt die Macht des Erstellens von Persönlichkeitsprofilen und dem Lesen von Gefühlen und Gedanken.

Eine Macht, die der digitale Kapitalismus für seine Zwecke ausnutzt.

Ausbeutung durch Manipulation

Technik ist neutral. Mit einem Messer kann man Äpfel schneiden oder einen Menschen töten, mit einem Flugzeug in den Urlaub oder in den Krieg fliegen, mit einem Radio Musik oder Hass verbreiten. Nicht die Technik *ist*, ihre Nutzer *machen* sie gefährlich. Das gilt auch für KI.

Der Kapitalismus ist nicht neutral. Er fördert und fordert das Beste und das Schlechteste in uns. Seine Droge ist der Wettbewerb. Sein Ziel das große Geld. Sein Antrieb der eigene Vorteil. Jede Technik, die einen Vorteil verspricht, wird eingesetzt. Das gilt auch für KI.

Die Unterscheidung zwischen der Technik selbst und ihrem Einsatz durch Unternehmen lässt die Motive hinter digitalen Geschäftsmodellen hervortreten. Beispiel Facebook. Ein Account auf der Social-Media-Plattform kostet nichts, Nachrichten auszutauschen ebenso wenig. Facebook erinnert uns an

Jahrestage besonderer Ereignisse, präsentiert uns personalisierte Neuigkeiten und hilft uns, Kontakt zu alten Freunden zu halten. Das Unternehmen kümmert sich um uns, beinahe liebevoll. Aber um welchen Preis?

Im Herbst 2019 sind die fünf wertvollsten Konzerne der Welt Microsoft, Amazon, Apple, Googles Mutterkonzern Alphabet und Facebook. 2018 erzielten sie zusammen einen Jahresgewinn von sagenhaften 124 Milliarden Euro. Die klügsten Köpfe des Planeten arbeiten für sie. Ihren Produkten kann sich niemand entziehen, und die USA sind stolz auf diese Leistung. Das ist ein Problem. Denn Stolz verträgt sich nicht gut mit Skepsis. Und die wäre in den letzten 20 Jahren angebracht gewesen. Vielleicht wären dann noch ein paar KI-Cracks übrig, die den üppig ausgestatteten Forschungsabteilungen der IT-Konzerne etwas entgegensetzen können. Vielleicht hätte sich so manche übergriffige Innovation nicht in den Alltag der Menschen geschlichen.

Facebook verdiente seine knapp 20 Milliarden Euro Gewinn im Jahr 2018 fast ausschließlich durch Werbung. Das kann es nur, weil es seiner Kundschaft – womit wohlgemerkt die Werbetreibenden gemeint sind, nicht die Nutzerinnen und Nutzer der Plattform – eine sehr hohe Effektivität der geschalteten Anzeigen verspricht. Google verspricht dasselbe. Und Amazon schlägt auf seiner Seite Produkte, nach denen wir nicht unmittelbar gesucht haben, zum direkten Kauf vor, was für mehr als ein Drittel seiner Umsätze sorgt. Diese Unternehmen verdienen Geld mit dem Versprechen, uns etwas zu verkaufen.

Wir sind also nicht selbst das Produkt, wie viele sagen, wir sind eine Ressource. Die hohe Wirksamkeit ihrer Produktvorschläge erzielen Facebook und Co nämlich dadurch, dass sie uns analysieren und manipulieren. Algorithmen lernen, wer wir sind, was uns gefällt und interessiert, wann wir wofür empfänglich sind, und machen uns passende Angebote. Je treffender ihre Vorhersagen, desto mehr Geld können sie von ihrer Kundschaft für Anzeigen verlangen. Dafür benötigen sie aber immer detailliertere Persönlichkeitsprofile von uns, wollen unser Einkommen, unsere Vorlieben, unsere aktuelle Lebensphase, auch unsere Schwächen kennen. 2017 beobachtete Facebook 6,4 Millionen junge Menschen in Australien und Neuseeland und ermittelte, wann sie gestresst, überwältigt oder ängstlich waren. Mit dieser »Fähigkeit« warb das Unternehmen um Anzeigen.

Man könnte erwidern, dass es Werbung schon immer gab. Marktschreier, Zeitungsanzeigen, Fernsehspots. Werbende suchten sich auch schon immer ihre Zielgruppe, vorzugsweise durch die Wahl des richtigen Mediums, der richtigen Botschaft und des richtigen Zeitpunkts. Aber personalisierte Werbung hat eine neue Qualität. Es macht einen großen Unterschied, ob wir nur einer Zielgruppe angehören oder ob ein Unternehmen uns genau im richtigen Moment mit genau der richtigen Werbung auf genau die richtige Art ansprechen kann, dass wir schwach werden.

Diese Form der Werbung überschreitet eine Grenze, weil sie uns nicht nur sieht und erkennt, sondern tief in uns eindringt.

Und mit dieser Fähigkeit lässt sich nicht nur Werbung machen.

Gefährliche Machtkonzentration bei Konzerngiganten

Die Produktwerbung zeigt, wozu Facebook und Co in der Lage sind. Die noch größeren Gefahren rühren aus dem Gebrauch von KI für andere Zwecke. So kann Facebook den Gemütszustand von Menschen beeinflussen. In einem Experiment zeigte es 300 000 Nutzerinnen und Nutzern eher negative Nachrichten ihrer Freundinnen und Freunde und stellte fest, dass das ihre Laune verschlechterte. In einem anderen Experiment steigerte es die Wahlbeteiligung unter den Betroffenen bei den US-Kongresswahlen 2010 um zwei Prozent durch die Einführung eines simplen Features, das Freundinnen und Freunden anzeigte, wenn man gewählt hatte. Andere nutzen Facebooks Potenzial noch aggressiver. So löste das Unternehmen Cambridge Analytica einen Skandal mit der Behauptung aus, bei der US-Präsidentschaftswahl 2016 unentschiedene Wahlberechtigte mit maßgeschneiderten Botschaften massenhaft auf Donald Trumps Seite gezogen zu haben.

Trotz seiner schon jetzt bedenklichen Macht denkt

Facebook weiter. Das Unternehmen baut einen die Welt umspannenden Staat. 2,7 Milliarden Menschen nutzen Facebooks Plattformen, neben dem sozialen Netzwerk selbst auch WhatsApp und Instagram. Entlegenen Regionen der Welt hat das Unternehmen Zugang zum Internet angeboten – allerdings nur zu Seiten, die Facebook bestimmen würde. Nun hat es mit Libra eine eigene elektronische Währung angekündigt, die das Weltfinanzsystem auf den Kopf stellen könnte. Mit ihr sollen wir über Landesgrenzen hinweg bezahlen können, nicht nur auf Facebook, sondern auch im Bekleidungsgeschäft und für das Essen im Restaurant, ohne Währungsschwankungen und Umtauschkosten. Was mit den Daten der Zahlungsströme geschieht, ist unklar.

Und all diese Beispiele betreffen nur ein Unternehmen. Facebook steht exemplarisch für die Macht, die die Eigentümer der großen IT-Konzerne – jeder in seinem Bereich ein Monopolist – auf unser Leben ausüben. Google bietet nicht nur die meistgenutzte Internetsuchmaschine, sondern mit Android auch das am weitesten verbreitete Smartphone-Betriebssystem und mit YouTube die meistgenutzte Videoplattform. Der Konzern investiert außerdem in KI-gestützte Gesundheitsversorgung und entwickelt ein selbstfahrendes Auto. Amazon wiederum ist nicht nur der größte Onlinemarkt, sondern verkauft mit Echo den beliebtesten Smart Speaker und betreibt die mit Abstand größten Serverfarmen der Welt. Das sind gigantische Hallen voller Computer, deren Rechenleistung man mieten kann und um die im Onlinealltag niemand herumkommt.

Diese Konzerne beeinflussen wiederum die halbe klassische Wirtschaft. Denn wenn ein Presseorgan, ein Restaurant oder ein Spielzeughersteller nicht die Möglichkeiten schafft, für sein Produkt einen Face-book-»Like« oder eine Rezension auf Google zu erhalten, verliert er.

Sind die Datenfelder der IT-Konzerne leer geerntet, erobern sie schlicht neue. Sie werben neue Nutzerinnen und Nutzer, was ihnen umso leichter fällt, je größer sie sind. Sie schlucken Wettbewerber, entwickeln verlockende Apps, kaufen Daten von Dritten. Und sie halten uns immer länger auf ihren Plattformen fest: Likes auf Facebook und Instagram zu bekommen, macht süchtig; die Zeitspanne auf Netflix, die zwischen einem Video und dem automatischen Start des nächsten vergeht, beträgt nur noch fünf Sekunden; immer mehr Informationen stehen direkt auf Googles Suchergebnisseite, sodass man den angezeigten Links auf andere Seiten nicht mehr folgen muss; YouTubes Empfehlungsalgorithmus ist für über 70 Prozent der Zeit verantwortlich, die wir dort verbringen. Und in dieser Zeit führt uns YouTube – wie die *New York Times* recherchiert hat – systematisch in immer tiefere Abgründe: zu Verschwörungstheorien, extremistischer Propaganda, sogar zu Videos, die Kinder sexualisieren. Einfach deshalb, weil der Algorithmus merkt, dass das bestimmte Menschen länger auf der Plattform hält.

Die IT-Konzerne verfügen über unser digitales Ich, und als Gegenleistung dürfen wir das Internet durchsuchen, uns durch die Facebook-Timeline scrollen und lustige – oder ganz und gar nicht lustige – Videos anschauen. Das ist nicht viel als Gegenleistung für die Aufgabe unserer Selbstbestimmung im digitalen Raum.

Mit unseren Daten verdienen andere Geld. Als »Überwachungskapitalismus« bezeichnete die US-Ökonomin Shoshana Zuboff diese neue Ordnung. Der Begriff verkürzt das Problem, denn es geht nicht nur um Überwachung, sondern auch um Manipulation.

Die vom Kapitalismus gekaperte Digitalisierung ist ein Machtinstrument geworden, das unserer Ausbeutung dient. Und nicht nur Kapitalisten profitieren davon.

Angriff von rechts außen

Der Rechtspopulismus ist seit einem Jahrzehnt im Aufschwung. Er zersetzt die Freiheit in unserer unmittelbaren Nachbarschaft, in Polen, Ungarn, Tschechien, Österreich, in Form des Brexits auch in Großbritannien. Vor allem aber in den USA. Die Feindbilder und die Rhetorik in diesen Ländern erinnern stark an die Zeit des Faschismus in der ersten Hälfte des 20. Jahrhunderts. Rechtsgerichtete Machthaber tauschen Richterinnen und Richter aus, gängeln Minderheiten, ändern das Wahlrecht und – wenn ein Gesetz gegen die Verfassung verstößt – auch die Verfassung. Selbst wo der Rechtspopulismus nicht regiert, prägt seine aggressive Sprache Diskurs und Politik. Und fordert sogar Menschenleben, nicht nur in den USA, sondern zum Beispiel in der Person des flüchtlingsfreundlichen Politikers Walter Lübcke auch bei uns.

Zum Aufstieg und zur Macht des Rechtspopulismus leistet die Digitalisierung einen entscheidenden Beitrag. Er kämpft mit ihren Instrumenten erfolgreich gegen etwas, das ihm wie die Sonne in den Augen brennt: die Wahrheit.

Missbrauch digitaler Kommunikationsmittel

Populistinnen und Populisten kennzeichnet nach einer verbreiteten Definition, dass sie einer korrupten Elite ein tugendhaftes Volk gegenüberstellen und dieses zur einzigen legitimen Quelle für politische Macht erklären. Ihr gegenwärtig berühmtester Vertreter ist US-Präsident Donald Trump. Seine rassistischen, frauenfeindlichen und nationalistischen Botschaften verbreitet er auf »Rallyes« vor Tausenden Fans, im Fernsehen, vor allem aber im Netz. Weltweit hat kein aktiver Politiker mehr Follower auf Twitter. Hinzu kommen Hunderttausende Weiterleitungen (Re-Tweets) und die Berichterstattung über seine schlimmsten Ausfälle in den klassischen Medien und online. Einer Umfrage zufolge erreicht Trump so mehr als drei

Viertel der US-Bevölkerung. Ähnliche Botschaften und Kanäle nutzen Rechtspopulistinnen und Rechtspopulisten in Deutschland, Frankreich, Großbritannien, Italien, den Niederlanden, Österreich, Polen und Schweden, aber auch in Brasilien, Indien und Myanmar.

Keine politische Kraft bespielt die sozialen Medien erfolgreicher als sie. In Deutschland bezogen sich um die Jahreswende 2018/19 laut einer Studie 32 Prozent aller Facebook- und Twitter-Nachrichten auf die Alternative für Deutschland (AfD), die in Umfragen nur bei 13 Prozent lag. Auf die Grünen mit Umfragewerten um 19 Prozent wurde nur in 7 Prozent der Beiträge Bezug genommen. Ein ähnliches Bild ergab sich in Spanien mit der rechtsradikalen Kleinstpartei Vox und in Italien mit Matteo Salvinis Rechtsaußen-Partei, der Lega.

Das liegt daran, dass der Rechtspopulismus besonders davon profitiert, dass die Digitalisierung die Wächterfunktion seriöser Medien ausgehebelt hat. Seine ehemals geächteten Botschaften dringen nun direkt zu den Wahlberechtigten durch, indem er sie auf Facebook und Twitter postet. Seine überproportional aktiven Anhängerinnen und Anhänger verstärken die Botschaften auf Meinungsseiten im Netz und über die Kommentarfunktionen der Onlinemedien. Dadurch entstehen internationale Seilschaften aus Nationalisten, die sich wechselseitig bestärken und radikalisieren. Die *New York Times* etwa hat zeigen können, wie die rechten Schwedendemokraten von rechtskonservativen Kräften in den USA und russischer Propaganda finanziell und ideell gefördert werden.

Rechtspopulistinnen und Rechtspopulisten nutzen auch schamloser als andere die Empörungsmechanismen der traditionellen und sozialen Medien aus, um ihren Botschaften eine größere Reichweite zu verschaffen. Nachrichten verbreiten sich schneller, wenn sie Emotionen wecken. Laut einer Studie erhöht jedes emotional besetzte Wort die Chance für einen Re-Tweet um 20 Prozent. Der Schlüssel des Rechtspopulismus sind Wörter oder Wortgruppen, auf die seine Anhänger und Gegner gleichermaßen anspringen: »illegale« Einwanderer, »Islamisierung«, »Terrorismus«, »Fake News«. Oder er prägt Begriffe, indem er etwa Gruppen geflüchteter Menschen als »Welle« oder »Flut« beschreibt, also Bilder von unkontrollierbaren Naturgewalten hervorruft. Das nennt sich »Framing«. Es prägt und beeinflusst den gesamten öffentlichen Diskurs, auch weil automatisch gesteuerte Nutzer-Accounts rechtspopulistische Botschaften stark überproportional verbreiten.

Und das hat drastische Folgen. Social-Media-Nachrichten der AfD stehen in einem nachweislichen Zusammenhang mit Gewalttaten, die sich gegen Geflüchtete richten. Brexit-Befürworter verbreiteten vor dem Referendum Anzeigen in den sozialen Medien, die unbegründete Ängste vor Einwanderung schürten oder der Europäischen Union fälschlicherweise die Schuld an der wirtschaftlichen Situation benachteiligter Gruppen in Großbritannien gaben. Russische

Trollfabriken beeinflussten nach Kräften die US-Präsidentschaftswahl 2016 zugunsten Donald Trumps. Und Myanmars Militär nutzte Facebook für sich rasend schnell ausbreitende rassistische Hassbotschaften gegen Angehörige der Rohingya, einer muslimischen Minderheit, was einen Genozid mit auslöste. Am besten belegt ist der entscheidende Beitrag von YouTubes Empfehlungsalgorithmen zum Aufstieg des Rechtsextremen Jair Bolsonaro zum Präsidenten Brasiliens. Die *New York Times* hat unter Rückgriff auf Studien nachgezeichnet, wie YouTube den gesamten politischen Diskurs Brasiliens zugunsten rechtsextremer Verschwörungstheorien verschob, weil es die Nutzerinnen und Nutzer systematisch zu deren aufwühlenden Thesen führte. Auch die Gewählten selbst geben offen zu, dass sie ihren überraschenden Erfolg der Videoplattform verdanken.

Wer derart beeinflusst abstimmt, wählt oder gar tötet, tut das nicht aus völlig freien Stücken.

Keine Freiheit ohne Wahrheit

Denn nur wer die Wahrheit kennt, kann sich frei entscheiden. Für einen riskanten medizinischen Eingriff. Gegen einen Arbeitsplatz. Für eine politische Partei. Es ist deshalb neben vielem anderen auch ein Angriff auf die Freiheit, wenn Donald Trump lügt. Die *Washington Post* zählte in der Zeit zwischen Trumps Amtseinführung und Oktober 2019 sage und schreibe

13435 falsche oder irreführende Behauptungen von ihm. Er erfindet »Invasionen« von »illegalen« Flüchtlingen, er leugnet die menschliche Verantwortung für den Klimawandel, er rühmt sich nie erzielter Erfolge, einschließlich der Lüge, er sei aus eigener Kraft reich geworden. Vor seiner Wahl versprach er, ganz Populist, zugunsten der einfachen Leute den »Sumpf« aus Lobbyfirmen und korrupten Politikerinnen und Politikern in Washington auszutrocknen (»Drain the swamp!«, ließ er seine Fans skandieren). Tatsächlich hat noch kein US-Präsident vor ihm so viele Kabinettsmitglieder im Zusammenhang mit Verstößen gegen Ethikvorschriften verloren wie er. Wer seine Lügen entlarvt, wird als Verbreiter von »Fake News« verunglimpft, eine besonders hässliche Verkehrung der Verhältnisse.

Wenn FPÖ-Politiker in Österreich die Lüge verbreiten, der jüdische US-Milliardär und Philanthrop George Soros würde die Masseneinwanderung in die EU betreiben, dann manipulieren sie Wahlberechtigte auf dieselbe Weise. Ebenso die AfD, wenn 95 Prozent ihrer Pressemitteilungen zwischen Januar und Oktober 2018 von Straftaten handeln, die mutmaßlich von Ausländern begangen wurden. Oder der ehemalige italienische Innenminister Matteo Salvini, wenn er Seenotretterinnen und -retter im Mittelmeer zu »Komplizen von Schlepperbanden« und Flüchtlinge zu Kriminellen erklärt. Oder alle der Genannten, wenn sie versprechen, ihre Länder zu alter Stärke zurückzuführen.

Die Presse verteufeln, Feindbilder schaffen, Ängste schüren, die Vergangenheit glorifizieren. Das alles sind alte Mittel der rechten Propaganda, denen die Digitalisierung neue Schlagkraft verleiht. Der Rechtspopulismus nutzt es wie der Kapitalismus aus, dass wir manipulierbar sind. Und legt damit den Finger in eine chronische Wunde der Demokratie: Er packt die Menschen bei ihrer Wut auf eine ungerechte Welt, bei ihrer Angst vor dem Fremden, bei ihrem Wunsch nach Geltung, ihrem Glauben an eine Verschwörung gegen ihresgleichen. So erregt, entscheiden sie nicht mehr frei, auch nicht im eigenen Interesse. Wie etwa die vielen Menschen, die dem Schlachtruf »Take back control!« der Brexit-Kampagne verfielen. Denn wenn der Handel erlahmt und Arbeitsplätze verschwinden, wenn man in der Welt nichts mehr zählt, weil man als Land isoliert ist, dann mag man in Selbstkontrolle schwelgen, aber nicht in Sicherheit und Wohlstand. Oder jene Teile der US-amerikanischen Arbeiterklasse, die Donald Trump wählten. Denn seine Steuerpolitik begünstigt entgegen seinen Wahlkampfversprechen überwiegend Reiche, seine Handelspolitik schadet vor allem Armen, in seinem Kabinett sitzen lauter Millionärinnen und Millionäre, er ist selbst steinreich (behauptet er zumindest).

Wer die Lügen des Rechtspopulismus nicht glaubt, wird unterdrückt. Jedenfalls dort, wo er an der Macht ist. Wohl niemand in der Europäischen Union dominiert den öffentlichen Diskurs seines Landes stärker als Viktor Orbán in Ungarn mit der Fidesz-

Partei. In einer öffentlichen Rede kündigte er das Ende der liberalen Demokratie an und pries die illiberalen Systeme in der Türkei, in China, Singapur und Russland. Er baute die Staatsmedien um, bis sie nur noch unkritisch seine Propaganda verbreiteten. Ihm nahestehende Oligarchen erwarben alle wesentlichen Privatmedien und brachten sie auf Regierungslinie. Nichtregierungsorganisationen wurde die Arbeit so erschwert, dass sie zum Teil schließen oder wegziehen mussten. Ein Mann, eine Partei, eine Wahrheit.

Aber sind die westlichen Demokratien gegen all das nicht gewappnet? Schützt unser Staat nicht die Freiheit, erstickt er nicht die Rufe des Kapitals und des Populismus in den digitalen Raum?

Von wegen.

Angriff durch den Staat

Mutter Kapital ist die treibende Kraft hinter der Vermessung des Menschen, aber Vater Staat hat sich längst bei ihr untergehakt. Er sammelt massenweise Daten, sucht nach Mustern und automatisiert seine Entscheidungen. Belgien versucht, unmotivierte Arbeitslose automatisch zu erkennen und vorzuladen, Dänemark will per Datenanalyse vernachlässigte Kinder identifizieren. Die größten Auswirkungen aber haben Digitalisierung und der Einsatz von Algorithmen auf die Sicherheitspolitik. China hat die digitotale Erfassung und Kontrolle seiner Bevölkerung bald vollendet. Ein Gemisch aus technologischem Ehrgeiz und dem Machtwillen der Kommunistischen Partei trocknet alle Nebenarme des großen Stroms Systemkonformer aus.

Das könnte auch uns blühen: Denken wir die Technik und ihren Einsatz bei uns heute weiter, bleibt von der Freiheit nur ein Lexikoneintrag.

Sicherheit über alles

Die Sicherheitsgesetzgebung explodierte kurz nach den Flugzeugen im World Trade Center am 11. September 2001. Ausgehend von den USA wurden weltweit und auch in Deutschland neue Straftatbestände und höhere Strafen eingeführt, erweiterte Befugnisse für Geheimdienste und Polizei festgeschrieben, jedes Jahr etwas mehr. Und immer häufiger ging und geht es um Daten.

Der Bundesnachrichtendienst durchforstet nun mit gesetzlicher Ermächtigung – vor Edward Snowdens Enthüllungen tat er es noch heimlich – alle Fernkommunikation im Ausland, die er bekommen kann. Die anlasslose Speicherung nationaler Telekommunikationsdaten auf Vorrat unterband erst der Europäische Gerichtshof. Das Bundeskriminalamt (BKA) errichtet gerade eine gigantische Datenbank, in der viele Menschen landen, die nie etwas verbrochen haben, sondern nur einer Straftat verdächtigt werden oder wurden. Und diese Datenbank wird täglich größer. Das BKA speichert und verarbeitet außerdem umfangreiche Datensätze aller Passagiere internationaler Flüge; die Erfassung von Bus-, Zug- und Schiffsfahrten ist in Planung. Die Landespolizei- behörden können mit Spähsoftware vermeintlichen Gefährdern beim Tippen von Chat-Nachrichten zu- sehen und Computer und Smartphones durchsuchen. Das Gebot zur Trennung von Polizei und Geheim- dienst – eine Folge der Erfahrungen mit der Gestapo in Nazi-Deutschland und der Stasi in der DDR – ist faktisch aufgehoben. Und für den Kampf gegen den Terror dürfen die Behörden uns immer früher über- wachen: War bislang für einen Eingriff eine konkrete Gefahr erforderlich, reicht in Bayern nun eine »dro- hende« Gefahr. Damit tauscht die Polizei ihr kleines Sieb, das sie gezielt zur Reinigung des Aquariums ein- setzen musste, gegen ein großes, das zwar mehr Algen erwischt, aber eben auch Fische.

Die Freiheit ist dem Staat lästig geworden. Dabei dient die Sicherheit doch nur ihrem Gebrauch.

Bei der Markierung vermeintlicher Gefährder hel- fen Algorithmen. Sie suchen in Fluggastdatensätzen »Verdächtige«, über die nichts weiter bekannt ist als ihr Flugverhalten. Hessen setzt auf eine Software des US-Unternehmens Palantir, mit der die Polizei ver- schiedene öffentliche Quellen und das gesamte Inter- net nach einer Person durchsuchen und sich ihr Netz- werk anzeigen lassen kann. In den USA hat Palantirs Software Zugriff auf so viele Daten, dass es nach Ein- gabe nur des Namens ein Bewegungsprofil der Betroffenen erstellt und E-Mail-Adresse, Telefonnummern, Anschrift, Bankverbindung, Sozialversicherungsnummer, Geschäftsbeziehungen, Familienmitglieder und Körpermaße nennt.

Hinter dem Einsatz dieser vermeintlichen Wundermittel steht der Wunsch nach absoluter Sicherheit. Ein Wunsch, der oft genug von der Politik selbst geschürt wird, befeuert von rechtspopulistischen Extremforderungen. Der Staat will Menschen stoppen, bevor sie uns schaden. Klingt eigentlich gut, aber plötzlich ist schon ein bestimmtes Flugverhalten verdächtig. Oder ein Moscheebesuch. Oder der falsche Nebenmann auf einer Demo. Jeder steht unter Generalverdacht. Der Druck, nicht aufzufallen, wächst. Und so zensieren wir uns selbst, verkneifen uns böse Witze per E-Mail oder eine Facebook-Freundschaft mit einer Aktivistin, um nicht bei einer Polizeikontrolle verhört oder an der US-amerikanischen Grenze zurückgewiesen zu werden – wie es tatsächlich zunehmend geschieht. Dieser »chilling effect« ist nachgewiesen. So meiden Menschen seit Snowdens Enthüllungen Wikipedia-Einträge, die sie selbst für verdächtig halten, und ein wesentlicher Teil der Presse lässt Themen liegen, die sie zum Ziel staatlicher Überwachung machen könnten.

Der digitale Sicherheitsstaat bedroht unsere Freiheit vielleicht noch mehr als der digitale Kapitalismus. Und das nicht erst, wenn die AfD das Innenministerium führt. Auch gemäßigtere Sicherheitspolitikerinnen und -politiker schreiben absichtlich komplizierte Gesetze – dazu bekannte sich im Juni 2019 nur halb ironisch Bundesinnenminister Horst Seehofer –, spielen mit unseren Ängsten, fordern ohne Unterlass immer neue und tiefer greifende Befugnisse. Sie gehen damit systematisch an die Grenzen des Grundgesetzes, oft genug darüber hinaus. Dabei würde ein Tempolimit auf Autobahnen weit mehr Menschenleben retten als jedes Anti-Terror-Gesetz. Es ist der Zivilgesellschaft kaum möglich, dem etwas entgegenzuhalten. Und wenn es doch zu Klagen kommt, fällt es dem Bundesverfassungsgericht nicht leicht, jede unverhältnismäßige Einschränkung der Freiheit zurückzuweisen. Denn seine Legitimität hängt auch davon ab, die Politik nicht allzu stark und häufig in die Schranken zu weisen.

Und so könnte bald, wer einer Straftat in Gedanken verdächtigt wird, Ansehen und sogar Freiheit verlieren. Womöglich vollautomatisch. Denn Algorithmen entscheiden auch schon im Gerichtssaal mit. In den USA helfen KI-gestützte Programme Gerichten bei der Entscheidung über Entlassungen gegen Kaution, Bewährungsstrafen und das Strafmaß. Der Einzelne, der Sonderfall bleibt auf der Strecke. Sich dagegen zu wehren, ist nahezu unmöglich, denn die Funktionsweise der Algorithmen gilt als schutzwürdiges Betriebsgeheimnis.

Anders als unser Erbgut. In den USA übermitteln Millionen Menschen Gewebeproben an Firmen wie Family Tree DNA, um nach entfernten Verwandten zu suchen. Das harmlos anmutende Angebot speichert, analysiert und verwertet das vielleicht Intimste, das wir besitzen: den Code, aus dem wir gemacht sind. Inzwischen vergleicht das FBI DNA-Spuren von Tatorten mit der Gen-Datenbank. Selten findet es den Spurenverursacher – der oder die die Tat nicht begangen haben muss –, häufig aber Verwandte.

Die US-Behörden nutzen auch längst KI zur automatisierten Gesichtserkennung, selbst von Minderjährigen und trotz der Gefahr von Falschverdächtigungen und Diskriminierung. Jahrelang glichen sie ohne Kenntnis der Öffentlichkeit Fahndungsbilder gesuchter Personen mit über hundert Millionen Führerscheinfotos ab – auch zur Abschiebung von Menschen ohne Aufenthaltspapiere. Amazon bietet seine Haustürkamera »Ring« lokalen Polizeibehörden an, um die erfassten Bilder auszuwerten. Immerhin aufgeschoben hat ein Hersteller von Elektroschockern die Integration von Gesichtserkennung in ebenfalls von ihm produzierte Kameras, die Polizistinnen und Polizisten am Körper tragen. Aber es ist wohl nur eine Frage der Zeit, bis ein Elektroschocker bei Erkennung einer vermeintlichen Gefahr von allein losgeht.

In diese Richtung forscht längst das US-Militär. KI soll bei der Auswahl militärischer Ziele helfen. Sie könnte bald auch Angriffe von Schwärmen autonomer Kampfdrohnen oder Minischiffe steuern. Man möchte nicht darüber nachdenken, wie ein Krieg aussähe, wenn auf der anderen Seite ebenfalls eine KI zum Einsatz kommt.

Auf dieser anderen Seite stünde nämlich China.

Ein Blick nach Osten:
Der kontrollierte Mensch ist schon da

Die Volksrepublik China hat in den letzten 40 Jahren Unglaubliches geleistet. Seit ihrer Öffnung im Jahr 1978 durch Deng Xiaoping hat sie mehr als 500 Millionen Menschen aus bitterer Armut befreit und sich erst zur Werkbank der Welt, dann zu einer ihrer größten Denkfabriken entwickelt. Gerade in KI investiert sie viel. Das bietet sich an, denn das Land verfügt wegen seiner schieren Größe über gigantische Datenschätze.

Chinas IT-Konzerne sammeln weit mehr persönliche Daten als ihre US-amerikanischen Pendants: WeChat aus dem Hause Tencent startete als Chat-Programm im Stile WhatsApps, aber inzwischen reservieren Nutzer damit Tische in Restaurants, vereinbaren Arzttermine, bestellen Essen, suchen Jobs, beantragen Visa und spielen Computerspiele. Mehr als eine Milliarde Chinesinnen und Chinesen nutzen die App. Fast ebenso viele nutzen die Angebote von Tencents Konkurrent Alibaba. Das Unternehmen ist eBay und Amazon in einem, vergibt außerdem Kredite, veranstaltet Konzerte, streamt Musik, betreibt eine Onlineapotheke und noch mehr. Die wirkmächtigsten Erfindungen der beiden Konzerne sind allerdings WeChat Pay und AliPay, die das Smartphone zum Zahlungsmittel gemacht haben. Ihretwegen ist in China Bargeld rar geworden. Sogar Spenden an

Menschen, die auf der Straße musizieren oder betteln, werden per Smartphone übertragen. 2018 betrug das Volumen mobiler Zahlungen über die beiden Dienste mehr als 30 Billionen Euro.

Tencent und Alibaba wissen durch ihre Querschnittsangebote praktisch alles über ihre Nutzerinnen und Nutzer. Der Unterschied zum Westen: In China landen alle diese Daten ungebremst beim Staat. Und diesen Staat regiert keine vom Volk gewählte Regierung, sondern die Kommunistische Partei. Sie treibt die Digitalisierung des Landes mit Macht voran.

Schon in der Schule geht es los. In einem Modellprojekt wurden die Menübestellungen der Schulkinder gespeichert und ausgewertet, Ernährungstipps folgten. Kameras mit Gesichtserkennung registrierten Zuspätkommer, die Aufmerksamkeit im Unterricht und Buchausleihen. China installiert auch im Rest des Landes Hunderte Millionen intelligente Videokameras, die Menschen teils nicht nur am Gesicht, sondern auch am Gang oder an der Kleidung erkennen können. Die Polizei setzt auch schon Datenbrillen ein, mit denen sie Passanten nach Verdächtigen abscannt. Deshalb taten im Sommer 2019 Demonstrantinnen und Demonstranten in Hongkong alles, um ihre Gesichter zu verbergen. Sehr bald wird sich im ganzen Land niemand mehr unbeobachtet bewegen können.

Diese Infrastruktur und die Datenlieferungen der großen IT-Konzerne sind aber nur Bausteine eines noch ungeheuerlicheren Vorhabens: das Sozialkreditsystem. Dutzende Modellprojekte konkurrieren derzeit miteinander, eines oder vielleicht auch mehrere sollen bald jeden Menschen und sogar jedes Unternehmen in China erfassen. Einer der prominentesten Tests läuft in Rongcheng. In der Stadt und ihrer Umgebung bekam jede Bürgerin und jeder Bürger zum Start des Systems 1000 Punkte. Wer alte Menschen auf den Markt begleitet oder die Straße kehrt, gewinnt. Wer Müll auf die Straße wirft, bei Rot über die Ampel geht, nicht registrierte Kirchen besucht oder in der Nachbarschaft Probleme macht, verliert. Am meisten Punkte kostet Kritik an der Regierung. Besonders schlecht stehen deshalb der Investigativjournalismus und Bürgerrechtsorganisationen da.

Sinkt der Wert unter eine bestimmte Grenze, erhält man zum Beispiel keinen Immobilienkredit mehr. In anderen Punktesystemen dürfen Betroffene nicht mehr fliegen und keine Fernstreckenzüge mehr nutzen, was bis zum Frühjahr 2019 über 13 Millionen Menschen traf. Man bekommt Schwierigkeiten bei Auslandsreisen, der Partnerwahl und im Beruf. Weil sich teilweise die Bekanntschaft mit »unehrlichen« Menschen negativ auf den eigenen Punktestand auswirkt, können die Betroffenen auch ihr soziales Umfeld verlieren. Dass die Behörden sie öffentlich anprangern, ist weit verbreitet. Zum Beispiel auf einer digitalen Karte, auf der Menschen verzeichnet sind, die ihre Schulden nicht bezahlt haben. Für Unternehmen sollen ähnliche Regeln gelten.

Anders als hierzulande verbreitete Bewertungssysteme drohen im Sozialkreditsystem Sanktionen, die in keinem Sachzusammenhang zum bestraften Verhalten stehen. Wer bei uns einen schlechten Schufa-Score hat, erhält keinen Kredit. Schlechte Rezensionen reduzieren Buchverkäufe. Wer aber in China einen niedrigen Sozialkredit hat, kann auf allen Ebenen verlieren: beruflich, finanziell, privat. Die Kontrolle ist perfekt. Und davon profitiert langfristig vor allem die Kommunistische Partei.

Die ganze Macht des chinesischen Überwachungsstaats bekommen schon heute auf dramatische Weise die Uiguren zu spüren, eine muslimische Minderheit in der nordwestlichen Provinz Xinjiang. Der Staat hat DNA, Blutgruppe, Fingerabdrücke und Iris-Muster aller Uigurinnen und Uiguren im Alter von 12 bis 65 Jahren gespeichert. Alle werden von Millionen intelligenten Kameras auf Schritt und Tritt verfolgt, nicht nur in der Öffentlichkeit, sondern teilweise auch zu Hause. Nicht nur in der Provinz, sondern mittels automatischen Racial Profilings sollen intelligente Videokameras auch in den reichen Städten im Osten Chinas Uigurinnen und Uiguren an ihren Gesichtszügen erkennen und verfolgen. Mutmaßlich infizierte die Regierung auch massenhaft Smartphones mit Schadprogrammen, die Nachrichten mit- und Passwörter auslesen können. Nach Schätzungen ist oder war jeder Zehnte der elf Millionen Uiguren in Umerziehungslagern interniert, in denen ihnen ihr Glaube ausgetrieben werden soll.

Das Schicksal der Volksgruppe ist erschütternd. Und es zeigt, dass totale Kontrolle bereits möglich ist. Den Menschen in Xinjiang verbleibt kein Raum für Widerstand. Sie können sich nicht verstecken oder verbünden, nicht einmal mehr frei denken.

Aber selbst unabhängig von solch radikalen Auswüchsen können wir China nicht einfach abtun. Was dort geschieht, geht uns mehr an, als uns lieb ist. Das Land ist so reich und mächtig geworden, dass wir seine Vorstellungen von der Zukunft nicht ignorieren können. So wenig wie die Welt in den vergangenen Jahrzehnten die USA ignorieren konnte. Schon heute traut sich kaum ein Land, China etwas entgegenzusetzen. Zu attraktiv ist sein Markt, zu unerbittlich seine Reaktion auf Kritik. Mit der Neuen Seidenstraße betreibt es gerade das größte Infrastrukturprojekt der Geschichte, baut Straßen und Häfen auf dem halben Planeten. In Afrika ist das Land präsenter als jedes andere. Es investiert in Amerika und in Europa und ist die größte Handelsnation der Welt. Zu seinen Exporten gehört auch KI-gestützte Überwachungstechnologie. Selbst Streifenpolizisten entsendet das Land bereits, zum Beispiel nach Italien und Serbien.

Wer Werte schafft, definiert sie auch. Und so könnte Chinas digitale Zukunft einmal unsere sein: ein hochmodernes Land ohne Verbrechen, aber auch ohne Freiheit.

Nur – wäre das wirklich so tragisch? Ist ein Leben in Wohlstand und Sicherheit nicht wichtiger als ein Leben in Freiheit? Haben die zwanzig Prozent der Deutschen, die sich laut einem Risikoreport einen Überwachungsstaat wünschen, nicht vielleicht recht?

2.

Wir müssen die Freiheit schätzen!

Manches schätzen wir erst, wenn es verloren ist. Bei Krankheit sehnen wir uns nach Gesundheit, bei Langeweile nach Beschäftigung. So verhält es sich auch mit der Freiheit. Erst wenn man uns ohne Grund zu etwas zwingt oder wenn wir dergleichen bei anderen beobachten, schätzen wir unsere Freiheit wirklich. Deshalb müssen wir uns stets in Erinnerung rufen, was wir an ihr haben.

Ein würdevolles Leben ist nur möglich, wenn man keine Angst davor haben muss, dass der Staat eine Meinungsäußerung bestraft, uns willkürlich das Eigentum entzieht oder uns foltert. Von großem Wert ist aber auch die Selbstbestimmung im täglichen Leben, von deren unzureichendem Schutz und drohendem Verlust im ersten Kapitel ebenfalls die Rede war. Denn selbst zu bestimmen macht glücklich. Deshalb dürfen wir uns von IT-Konzernen nicht manipulieren und vom Staat nicht in die Köpfe blicken lassen. Nicht für Komfort und Unterhaltung, und auch nicht für Sicherheit.

Die individuelle Freiheit ist
Bedingung für ein würdevolles Leben

Moderne Autokraten demonstrieren ihre Macht nicht so plump wie Hitler oder Stalin. Sie töten Oppositionelle nicht, stecken sie nur selten ins Gefängnis und waschen statt Gehirnen lieber Geld. So regiert Wladimir Putin Russland seit zwanzig Jahren. So hat Viktor Orbán Ungarn im Nu umgebaut. Und so versucht es US-Präsident Trump. Dass wir, das Volk, von rechts auf moderne Art entmachtet werden, ist kein abseitiges Szenario.

Uns ginge dadurch viel verloren. Freiheitsrechte sind kein Luxus einer gesättigten Gesellschaft. Sie dienen höchsten Interessen: Leben, Freiheit der Person, Eigentum. Diesen Dienst bezeugt ein Blick in jene Zeit, als man sie erstmals formulierte, für Deutschland im Jahr 1848 in der nie landesweit geltenden Paulskirchenverfassung. Deutschland war zu jener Zeit kein Bundesstaat, sondern ein loser Staatenbund. Keine Demokratie, sondern ein Zusammenschluss aus Monarchien und freien Städten. Standesunterschiede und Willkür beherrschten das Leben.

Da war – und ist noch heute – das Recht, sich zu versammeln und zu vereinigen, ein Mittel, um seine gesellschaftliche Stellung, sein Vermögen und auch sein Leben zu schützen. Genauso wie das Recht, seine Meinung frei zu äußern und sich durch eine unzensierte

Presse zu informieren. Das Erfordernis von Haft- und Durchsuchungsbeschlüssen wiederum sicherte und sichert die Freiheit der Person und die Unverletzlichkeit der Wohnung. Die Glaubensfreiheit schützt die ungestörte Religionsausübung. Die richterliche Unabhängigkeit ermöglicht eine effektive Rechtsdurchsetzung. Am zentralsten war und ist aber das Recht, über die Wahl eines Parlaments an der Gestaltung der Gesellschaft mitzuwirken. Denn nichts schützt so gut vor Fremdbestimmung wie Mitbestimmung.

Freiheit und Sicherheit waren folglich nie ein Widerspruch. Freiheit *bietet* Sicherheit. Und schon die Aufzählung der wenigen genannten Rechte zeigt, dass individuelle Freiheit eine Bedingung für ein würdevolles Leben ist. Denn nur wer frei von fremder Willkür ist, kann sich entfalten, kann sein und werden, wer er sein und werden will, ist Subjekt statt Verfügungsmasse anderer.

Wen das nicht überzeugt, überzeugen vielleicht die vielen Menschen, die für die Freiheit kämpften. Die Französische Revolution von 1789, die friedliche Revolution in der DDR 200 Jahre später oder der Arabische Frühling von 2011 sind nur einige Beispiele für die unzähligen gewaltsamen und friedlichen, erfolgreichen und erfolglosen Revolutionen und Aufstände in der Geschichte. In allen ging es um die eine oder andere Form der Freiheit, meist um die Beseitigung illegitimer Herrschaft.

Selbst Regierungen, die den Menschen scheinbar alles bieten, sind vor Massenprotesten nicht sicher.

Das beweist die derzeitige Demokratiebewegung in Hongkong. Die dort lebenden Menschen genießen viele Freiheiten, die Stadt ist reich, allerdings ist der Reichtum extrem ungleich verteilt. Doch nicht für soziale Gerechtigkeit demonstrieren die Menschen, sondern dafür, ihr Schicksal selbst bestimmen zu können. Denn die Regierung Festlandchinas verweigert freie Wahlen, obwohl sie diese bei Übernahme der einstigen britischen Kolonie im Jahr 1997 versprochen hatte. Das allein treibt Millionen auf die Straße, die sich nicht einmal von Drohgebärden des chinesischen Militärs einschüchtern lassen.

Nun mag man hierzulande sagen: »Ich nehme in Kauf, dass die Rechte anderer eingeschränkt oder ihnen entzogen werden, solange ich sicher bin.« Doch ein wenig mehr Sicherheit wiegt nicht das Unglück unterdrückter Menschen auf. Es ist der Kern der Freiheitsrechte, dass sie Minderheiten schützen, gerade vor der Tyrannei der Mehrheit. Und überhaupt halluziniert, wer sich in einer sicheren Mehrheit wähnt: Wir sind alle in irgendeiner Hinsicht in der Minderheit und müssen auf die Geltung der Freiheitsrechte vertrauen können. Reiche wollen ihr Vermögen schützen, Arme ihre Existenzgrundlage. Christen verteidigen ihre Feiertage, Juden eine Religionsausübung ohne Angst. Kleingartenvereine wehren sich gegen Neubaugebiete, Fußballfans gegen Stadionverbote. Auch Harald profitiert von Fatimas Freiheit.

Und was im Großen gilt, gilt auch im Kleinen.

Selbstbestimmt leben macht glücklich

Eric Schmidt, der zehn Jahre lang Google leitete, sagte einmal: »Ich denke, dass die meisten Menschen nicht wollen, dass Google ihre Fragen beantwortet. Sie wollen, dass Google ihnen sagt, was sie als Nächstes tun sollen.«

Das wollen wir nicht. Dass wir unser Leben selbst bestimmen möchten, ist uns in die Wiege gelegt. Begrenzungen frustrieren schon Kleinkinder. Jugendliche fluchen über die Verbote ihrer Eltern. Auch Erwachsene wollen sich nicht Beruf oder Ehepartner diktieren lassen. Wir sind keine Ameisen oder Bienen, die sich glücklich in ihnen zugedachte feste Rollen fügen. Das widerspricht unserer Natur.

Jeder kennt das erhebende Gefühl, frei entscheiden zu können. In der eigenen Wohnung, im Urlaub, nach einer Trennung oder Kündigung. Oder einfach mal für sich zu sein, ohne den Ansprüchen anderer genügen zu müssen. Wenn wir etwas aus freien Stücken tun, sind wir motivierter und fühlen uns besser. Etwa einer Studie von US-Wissenschaftlern aus dem Jahr 2007 zufolge, wenn wir aus eigenem Antrieb Geld spenden. Glück kann auch darin liegen, seinen Gedanken nachzuhängen, etwas Neues auszuprobieren oder einfach gar nichts zu tun. Für all das Zeit zu haben. Oder unbeobachtet zu sein, unkontrolliert. Jugendliche können heute nichts mehr tun, sagen, schreiben, ohne die Sorge, irgendwann dafür irgendwem Rede und Antwort stehen zu müssen.

Dass Freiheit glücklich macht, ist keine bloße Anekdote, sondern erwiesen. Wirtschaftliche und politische Freiheit stehen laut verschiedenen Studien aus unterschiedlichen Ländern in einem positiven Zusammenhang mit dem Glücksempfinden der Menschen. Das gilt – wenn auch in unterschiedlichem Ausmaß – weltweit. Insbesondere auch die Freiheit für eigene Lebensentscheidungen macht Experimenten in Altersheimen zufolge glücklich. Sie ist deshalb eine der Schlüsselvariablen, die die subjektiv empfundene Lebensqualität im *World Happiness Report* erklären. Selbst der bloße Glaube an einen freien Willen verstärkt unser Glücksempfinden – laut einer 2017 veröffentlichten chinesischen Studie übrigens auch in China. Das deckt sich mit den Ergebnissen diverser Untersuchungen, wonach sich unser Glücksniveau im Laufe unseres Lebens auf einer U-Kurve bewegt: Am glücklichsten sind wir zu Beginn unseres Erwachsenenlebens, am unglücklichsten meist zwischen vierzig und fünfzig, danach geht es wieder bergauf. Das hat viel mit enttäuschten Erwartungen an uns selbst zu tun, aber auch damit, dass wir in der Mitte des Lebens den größten Zwängen unterliegen: finanziellen Verpflichtungen, Druck im Beruf, Verantwortung für Kinder.

Wenn der digitale Kapitalismus uns die Entscheidung für eine Partnerschaft, einen Film oder eine Mahlzeit abnimmt, der Rechtspopulismus mit Hass und Lügen die Gesellschaft und Wahrheit verdreht, wenn der Sicherheitsstaat uns auf Schritt und Tritt verfolgt und jeden verdächtigt, dann macht uns das unglücklich. Morgen noch mehr als heute.

Aber die Dinge können sich auch zum Guten entwickeln – solange wir frei sind.

Nur freie Gesellschaften entwickeln sich weiter

Mit dem gesellschaftlichen Fortschritt ist es wie mit dem technischen: Er ist nicht per se etwas Gutes. Aber ohne Fortschritt entsteht *sicher* nichts Gutes. Wir wären noch Hörige und nicht frei, würden noch auf dem Acker schuften, statt dieses Buch zu lesen, wären noch diskriminiert und nicht gleichberechtigt. Für diesen Fortschritt bedurfte es einer gewissen Beweglichkeit, in den Verhältnissen und in den Köpfen. Jede Bewegung aber braucht einen Anstoß.

In einer von Algorithmen bestimmten Welt fehlt jeder Anstoß. Denn Algorithmen sind strukturell konservativ. Sie lernen aus den Daten vergangener Zeiten und gestalten damit die Zukunft. Ein Algorithmus, der die Rückfallwahrscheinlichkeit eines US-amerikanischen Kriminellen bewertet, kann nicht erkennen, dass Schwarze unverhältnismäßig häufig zur Rechenschaft gezogen werden und die Zahlen deshalb zu ihren Lasten verfälscht sind. Ein Recruiting-Algorithmus kann nicht erkennen, dass Männer unverhältnismäßig viel verdienen. Tut man nichts dagegen, verfestigen sich Rassismus und Geschlechterdiskriminierung. Denn Algorithmen spüren kein pubertäres Aufbegehren gegen Konventionen, keine Not, die sie zum Aufstand drängt, keine Ungerechtigkeit, die nach Veränderungen schreit. Man kann beklagen, dass bayerische Gerichte dieselbe Tat härter bestrafen als niedersächsische. Aber in dieser Ungleichbehandlung liegt auch eine Chance, nämlich dass sich mit der Zeit die überzeugendere, nicht die hergebrachte Reaktion auf einen Gesetzesverstoß durchsetzt. Oder dass ein Gericht – wie mehrfach geschehen – die Gleichstellung von Homosexuellen erzwingt. Oder ein neues Grundrecht entwickelt.

Unsere Gesellschaft braucht Freiräume. Der Staat muss Luft für Diskussionen lassen, für abweichendes, auch grenzwertiges, ja sogar grenzüberschreitendes Verhalten. Das ist notwendig für Wissenschaft, Kultur und Politik. Denn hätte die Gleichheit aller Menschen und der Nachrang göttlicher Gesetze, hätte das Recht zur Mitbestimmung und die Betonung unserer Individualität vor dem Kollektiv, hätte all das nicht gedacht, diskutiert, formuliert und beworben werden können, wären diese Ideen vielleicht nie über den Vorwurf des Hochverrats, der Majestätsbeleidigung und Gotteslästerung hinausgewachsen. Ohne Raum für Veränderung wären wir jetzt nicht frei.

Aus all diesen Gründen müssen wir etwas dagegen tun, dass unsere Freiheit verloren geht! Nur was?

3.

Wir müssen die Freiheit retten!

Technik schafft ihren eigenen Bedarf. Wir brauchen das Auto, weil es das Auto gibt. Wir brauchen das Internet, weil es das Internet gibt. Und so brauchen wir auch die vielen Dienste der großen IT-Konzerne, eben weil alle sie nutzen. Aber ihren Datenhunger brauchen wir nicht. Es muss nicht sein, dass uns die Digitalisierung die Freiheit kostet. Dass wir vom Menschen und Bürger zum Datenknäuel und Konsumenten verkommen. Hätten wir eine freiheitsschonende Alternative zu Facebook, Amazon und Google, würden wir sie nutzen. Aber Alternativen sind rar.

Erich Kästner sagte einmal mit Blick auf die Nazi-Zeit: »Man darf nicht warten, bis der Freiheitskampf Landesverrat genannt wird. Man darf nicht warten, bis aus dem Schneeball eine Lawine geworden ist. Man muss den rollenden Schneeball zertreten. Die Lawine hält keiner mehr auf. Sie ruht erst, wenn sie alles unter sich begraben hat.«

Die ersten beiden Kapitel haben gezeigt, dass wir unsere Trägheit gegenüber abstrakten, scheinbar weit entfernten Gefahren überwinden müssen! Diese Trägheit hat aus der früh erkannten Überalterung unserer Gesellschaft eine Gefahr für das Sozialsystem und aus der Erwärmung unseres Planeten eine kaum noch zu bewältigende Katastrophe werden lassen. So weit darf es mit unserer Freiheit niemals kommen!

Es wäre leicht, nun schlicht Verzicht zu predigen. Aber der Verzicht auf alles Digitale ist keine Lösung. Er ist zu einfach, weil er nicht über den Einzelnen hinausreicht, und zu schwer, weil er uns selbst am meisten schadet. Wir sollten nicht verzichten müssen auf soziale Medien, Onlineshopping oder Smartphones. Es verlangt auch niemand von Fahrradfahrerinnen und -fahrern, aus Angst vor LKWs zu Fuß zu gehen. Die Lösung liegt in Regeln, die die Starken zähmen und die Schwachen schützen.

Es ist kein Zufall, sondern eine Meisterleistung ihrer Gegnerinnen und Gegner, dass »Regulierung« vielen als Schimpfwort gilt. Doch mit Regeln können wir die vielen Kräfte, die uns zu manipulieren suchen, in den Griff bekommen. Unsere Schwächen mit Regeln auszugleichen, ist nicht neu. Ohne sie würden wir noch ungestraft aus Rache töten oder aus Habgier andere Länder überfallen. Ohne Regeln flögen Atomkraftwerke in die Luft und Flugzeuge vom Himmel, äßen wir täglich Gift in Form von Düngemitteln und atmeten Asbest. Was uns nur schadet, gehört verboten, was uns auch nützt, beschränkt.

Was heißt das für die Digitalisierung?

Wirtschaft regulieren!

Das Verhältnis zwischen Kapitalismus und Freiheit ist paradox. Dass wir frei entscheiden können, wofür wir unser Geld ausgeben, ist eine Grundbedingung für die freie Marktwirtschaft. Aber zugleich versucht jedes Unternehmen nach Kräften, unsere Auswahl auf sein Produkt zu reduzieren. Die großen IT-Konzerne haben ein extrem ertragreiches Geschäftsmodell daraus entwickelt, bei dieser Reduzierung unserer Möglichkeiten mitzuhelfen. Was für die Wirtschaft noch verhältnismäßig harmlos klingen mag, hat auf dem Meinungsmarkt existenzielle Bedeutung.

Unsere Antwort auf dieses Problem sollte den Fortschritt selbst allerdings nicht bremsen. Ihn hierzulande aufzuhalten, wäre aussichtslos, weil wir den Rest der Welt nicht kontrollieren können. Es wäre selbstschädigend, weil Digitalisierung und KI viel Gutes hervorbringen, auch ohne persönliche Daten zu unserer Manipulation und Kontrolle auszunutzen. Es wäre wider unsere Natur, die auf Fortschritt ausgerichtet ist, auch auf technischen. Es wäre aber auch ungerecht gegenüber jenen, die noch aufsteigen möchten – innerhalb eines Staates, aber auch im globalen Wettbewerb –, wozu technische Revolutionen gute Gelegenheiten bieten. Schließlich wäre es unklug mit Blick auf China. Denn zur Behauptung gegenüber dieser neuen Macht bedarf es auch wirtschaftlicher Kraft.

Die Kunst ist also, freiheitsfördernde Regeln zu setzen, die uns die Vorteile von Digitalisierung und KI belassen. Dank der Gestaltungs- und Wirtschaftsmacht der Europäischen Union können wir das schaffen.

Konzentration von Macht zerstreuen

Die großen Tech-Konzerne haben zu viel Macht. Sie wissen zu viel über zu viele Menschen. Sie verdienen zu viel und haben zu große Geldreserven. Sie geben zu viel für Lobbying aus – mehr als alle anderen Unternehmen –, in Washington, in Brüssel, und verwässern Datenschutzgesetze und KI-Leitlinien. Und innerhalb dieser Konzerne haben einzelne Personen zu viel Macht. Mark Zuckerberg hält etwa 60 Prozent der Stimmrechte von Facebook. Jener Zuckerberg, der 2010 das Ende der Privatsphäre verkündete, aber die Nachbargrundstücke seines Hauses zum Schutz seiner Privatsphäre aufkaufte. Larry Page und Sergey Brin halten gemeinsam einen ebenso hohen Anteil der Stimmrechte von Googles Mutterkonzern Alphabet. Jeff Bezos besitzt zwar »nur« 17 Prozent der Stimmrechte von Amazon, ist aber – selbst nach seiner Scheidung, die ihn ein Viertel seiner Aktien kostete – der reichste Mensch der Welt und Eigentümer der *Washington Post*, einer der führenden Tageszeitungen der USA.

Selbst wenn man an der drohenden Unmündigkeit

des Menschen selbst keinen Anstoß nähme, an den Gefahren des Machtmissbrauchs durch Zuckerberg und Co müsste man es. Extreme Machtkonzentration gab es zwar auch in der Vergangenheit. Doch sie war schon damals ein Problem, und heute kommen noch die Besonderheiten digitaler Macht hinzu: Kleine Änderungen im Code der genannten Plattformen wirken sich potenziell gewaltig und sofort auf viele Menschen aus. Fördert Facebooks Algorithmus plötzlich Hassbotschaften oder der von YouTube Verschwörungstheorien, dann beeinflusst das die Wahrnehmung von Milliarden Menschen. Und beide Konzerne wissen dank Persönlichkeitsprofilen, wer wofür empfänglich ist.

Wir können diese Machtbündel entflechten. Facebook hätte der Kauf von Instagram und WhatsApp kartellrechtlich verboten werden müssen, von europäischen oder US-amerikanischen Kartellbehörden. Heute müsste man den Konzern zerschlagen, also beide Tochterunternehmen wieder herauslösen. Für die Zukunft ist zugunsten des Wettbewerbs und wider die Machtkonzentration zu verhindern, dass die Großen jeden aufstrebenden Konkurrenten einfach schlucken. Die EU-Kommission hat unsere Handlungsfähigkeit mit milliardenschweren Strafen für Wettbewerbsverstöße der großen Tech-Konzerne vielfach bewiesen. Es ist gut, dass die Kompetenzen der zuständigen EU-Kommissarin Margrethe Vestager sogar noch erweitert wurden.

Wir sollten außerdem Unternehmen, die von

Netzwerkeffekten profitieren, durch EU-Recht dazu zwingen, ihren Konkurrenten Schnittstellen anzubieten. Der Netzwerkeffekt führt dazu, dass jeder den Anbieter mit den meisten Nutzerinnen und Nutzern wählt, weil unser Vorteil dort am größten ist. Deshalb hatten gegen Facebook weder StudiVZ noch Google+ eine Chance. Schnittstellen könnten diesen Effekt reduzieren, weil dann zum Beispiel mit einem datenschutzsensiblen Dienst wie Threema auch WhatsApp-Accounts erreichbar wären. Im Mobilfunkmarkt gibt es längst eine solche Pflicht zur Interoperabilität, mit einem E-Plus-Vertrag kann man auch ein T-Mobile-Handy anrufen. Gäbe es eine solche Pflicht nicht, hätte sich ein T-Mobile-Monopol entwickelt.

Einen Schritt weiter ginge es, zentrale IT-Dienste wie Gemeingüter zu behandeln und entsprechenden Bindungen zu unterwerfen. Facebook, Amazon und Google bieten nämlich im Grunde eine Infrastruktur, die mit Marktplätzen oder dem Straßennetz vergleichbar ist. Wir kommen um sie nicht herum und viele wirtschaftliche Existenzen hängen von ihnen ab. Es liegt nahe, dass der Zugang zu den wichtigsten digitalen Marktplätzen für Produkte (Amazon) und Meinungen (Facebook) sowie die Straßenschilder, die zu ihnen führen (Google), nicht der Willkür von Privatunternehmen unterliegen dürfen. Diese Unternehmen müssen wie der Staat zum Beispiel an den Gleichbehandlungsgrundsatz gebunden sein, das heißt, für den Ausschluss von ihren Plattformen müssen Facebook oder Amazon einen triftigen Grund haben, der über ihre AGB hinausgeht. Das hat das Bundesverfassungsgericht zum Beispiel bereits für Stadionverbote durch Bundesligavereine entschieden.

Aber nicht nur der Zugang zu den digitalen Plattformen, auch deren Funktionsweise muss reguliert werden.

Automatisierte Empfehlungen verbieten

Die Empfehlungsalgorithmen von Facebook und YouTube fördern nicht nur rechtsextreme Meinungen, sondern auch Hass auf Schwule und Frauen sowie Verschwörungstheorien. Besonders gefährlich sind Beiträge von radikalen Impfgegnerinnen und -gegnern. Sie beklagen eine unheilvolle Allianz zwischen Pharmaindustrie und Ärzteschaft, verbreiten den Irrglauben, dass Impfungen zu Autismus führen, und tragen so dazu bei, dass ausgerottet geglaubte Krankheiten wie Polio wiederauferstehen. In Brasilien glauben ihretwegen viele, Impfungen würden Kinder mit dem gefährlichen Zika-Virus infizieren. Impfverweigerung gefährdet nicht nur das eigene Kind, sondern auch andere, bei denen Impfstoffe nicht wirken. Deshalb erklärte die Weltgesundheitsorganisation 2019 Menschen, die Impfungen ablehnen, zur globalen Bedrohung.

Zu dieser Entwicklung dürfen Algorithmen von Facebook und YouTube nicht beitragen! Automatisierte Empfehlungen gehören verboten, solange sie systematisch die Positionen von Extremisten fördern, die mit hoch emotionalen Botschaften Menschen länger auf ihren Kanälen halten. Ein derartiges Verbot würde zwar auch viele harmlose bis wertvolle Empfehlungen treffen. Aber diese müssten nicht automatisiert erfolgen, sondern könnten ebenso gut von Angestellten oder anderen Vertrauenspersonen ausgesprochen werden. Oder die Erstellerinnen und Ersteller der Beiträge würden diese mit Tags, also Stichworten, versehen, die gleichartige Beiträge gruppieren. Ein Verbot von Empfehlungsalgorithmen wäre keine Zensur, denn hochladen dürften alle ihre Videos und Posts weiterhin. Niemand hat ein Recht, von automatisierten Empfehlungen zu profitieren. Stattdessen auf Selbstregulierung zu vertrauen, wäre fahrlässig, weil die Vergangenheit gezeigt hat, dass die IT-Konzerne von sich aus zu spät – wenn überhaupt – reagieren. Die Unternehmen haben schlicht keinen Anreiz für Beschränkungen ihrer Empfehlungsalgorithmen, weil sie mit einer langen Verweildauer auf ihren Plattformen Geld verdienen.

Aber nicht nur mit solchen Empfehlungsalgorithmen, auch mit unseren Daten sollten IT-Konzerne kein Geld verdienen können.

IT-Konzerne zu Daten-Treuhändern machen

Über die Datenschutzgrundverordnung (DSGVO) wurde viel geschimpft. Dabei ist sie eines der erfolgreichsten Gesetze, die die Europäische Union je erlassen hat. Sie begründet ein Recht auf Vergessenwerden, also die Möglichkeit, alle persönlichen Daten bei einem Unternehmen löschen zu lassen. Sie erweitert die Informations- und Auskunftsrechte. Und sie garantiert, Daten zur Konkurrenz mitnehmen zu können. Am wichtigsten sind aber die Regelungen zum Schadensersatz und Bußgeld bei Datenschutzverstößen. Weniger deshalb, weil es Unternehmen richtig schmerzen kann, wenn sie bis zu 4 Prozent ihres gesamten weltweit erzielten Jahresumsatzes als Bußgeld zahlen müssen. Sondern weil es unterstreicht, wie wertvoll unsere Daten sind, und zwar in Kategorien, die alle verstehen. Den Erfolg der DSGVO beweist auch ihre internationale Wirkung: Weil die Europäische Union ein so bedeutsamer Markt ist – von der Größe vergleichbar mit den USA oder China –, kann man uns nicht ignorieren. Alle Unternehmen, die Produkte oder Dienstleistungen bei uns anbieten und dafür Daten verarbeiten wollen, müssen die DSGVO beachten. Und seit dem Cambridge-Analytica-Skandal um Facebook nehmen selbst US-Bundesstaaten sie zum Vorbild für ihre Datenschutzgesetze.

Doch die DSGVO hat Grenzen. Sie löst insbesondere nicht das Problem, dass IT-Konzerne in unser Innerstes vordringen und damit Geld verdienen dürfen. Dass sie uns in einer Weise manipulieren können, die wir weder durchschauen noch voraussehen. Eine brillante Idee der beiden US-Professoren Jack M. Balkin und Jonathan Zittrain geht deshalb noch einen gehörigen Schritt weiter: Sie wollen aus IT-Konzernen

Daten-Treuhänder machen. Infolgedessen dürften die Konzerne Daten nur noch in unserem Interesse nutzen, nicht in ihrem eigenen. Genau wie Arztpraxen oder Kanzleien müssten sie die Daten gegenüber Dritten geheim halten und dürften sie auch nicht für Werbung oder andere Formen der Beeinflussung verwenden. Die Ausnutzung von Persönlichkeitsprofilen und unserer aktuellen Gefühlslage wäre Vergangenheit, es sei denn, sie nützt uns selbst. Das würde natürlich bedeuten, dass Dienste wie Facebook und Google Maps künftig anders als mit personalisierter Werbung Geld verdienen müssten. Vielleicht würden sie sogar etwas kosten.

Aber wir bezahlen für sie ohnehin schon längst und viel zu teuer: mit unseren Daten.

Kontrolle von Algorithmen und Anonymisierung von Daten

Die Wirtschaft klagt gern, unsere Datenschutzgesetze bedeuteten einen Wettbewerbsnachteil gegenüber US-Unternehmen. Das ist Unsinn. Wir hätten auch ohne Datenschutz kein europäisches Apple, Facebook, Google, Microsoft oder Amazon gegründet. Wir haben eine andere Risikokultur, Geld sitzt nicht so locker, der europäische Markt ist nicht so homogen wie der US-amerikanische, wir ziehen nicht so viele Top-Akademiker an und die USA haben einen technologischen Vorsprung. Entsprechend gilt auch für die Entwicklung von KI hierzulande, dass nicht Regeln ihr im Weg stehen werden, sondern andere Faktoren.

Algorithmen gehören kontrolliert. Diverse Produkte müssen heutzutage Sicherheitsstandards einhalten, jeder kennt TÜV- und CE-Kennzeichnung. Auch Algorithmen müssen, wenn sie sensible Aufgaben erfüllen, bestimmte Standards wahren und effektiver Aufsicht unterliegen. Sensibel ist der Einsatz zum Beispiel im Gesundheitswesen oder durch die Polizei, aber auch bei der massenhaften Beeinflussung der öffentlichen Meinung auf Facebook, Twitter oder YouTube. Für diese Standards müssen Urheberinnen und Urheber der Software haften, unabhängig davon, ob sie einen Fehler begangen haben. Eine solche Gefährdungshaftung gibt es längst, zum Beispiel für Kraftfahrzeuge oder Haustiere.

Auch sollten sensible Daten für das Training von KI nur in anonymisierter Form zur Verfügung stehen. Das aber ist schwierig. Hacker haben vorgeführt, wie leicht man Daten einer bestimmten Person zuordnen kann, selbst wenn Name und Geburtsdatum entfernt wurden. Trotzdem ist Anonymisierung möglich, ohne die Chancen des Maschinenlernens aufzugeben und das Feld den USA oder China zu überlassen. Schon heute wird in der Medizinforschung daran gearbeitet, KI mit sensiblen Daten in einer Black Box zu trainieren, in die niemand Einsicht hat. Es gibt auch mathematische Verfahren, die Datensätze so stark verändern, dass sie zwar zum Trainieren einer Maschine geeignet sind, ansonsten aber unbrauchbar. Apple nennt seinen Einsatz solcher Verfahren »differential privacy« und gelobt, die Möglichkeiten von KI mit dem Respekt vor der Privatsphäre seiner Kundinnen und Kunden in Einklang gebracht zu haben. Ob das stimmt, überprüft im Moment niemand. Es liegt an uns, Gesetze vom Parlament zu fordern, die solche Regelungen erzwingen.

Und wenn es schon dabei ist, sollte es auch gleich den Testosteronspiegel des Sicherheitsstaates senken.

Staatliche Macht begrenzen!

Überwachung ist nur das Symptom. Die Krankheit ist das Schüren irrationaler Ängste. Es kostet die Politik nichts, Menschen Angst zu machen. Vor alltäglichen Verbrechen, vor extremistischer Gewalt, vor Überfremdung. Dabei ist die Zahl der erfassten Straftaten so niedrig wie seit 1992 nicht, es ist extrem unwahrscheinlich, Opfer eines Terroranschlags zu werden, und fremd ist nicht schlecht, sondern nur anders. Es kostet Politikerinnen und Politiker insbesondere auch kein Budget, die geschürten Ängste durch forsche Sicherheitsgesetze und ein strengeres Asylrecht zu mindern. Aber jede Verschärfung raubt uns ein Stückchen Freiheit, so manche auch Menschlichkeit, und verschiebt Kontrolle vom Einzelnen zum Staat.

Nicht nur in der Wirtschaft, auch in der Politik begünstigt Digitalisierung Machtkonzentration. Wenige

Menschen können viele Aktionen zugleich durchführen und beaufsichtigen, mithilfe automatisierter Waffensysteme bald auch den Einsatz von Gewalt. Diese große Macht in den Händen Einzelner gehört durch strenge Grenzen für den Einsatz digitaler Technik eingehegt. Denn wie wirksam sich mit ihr die perfekte Diktatur errichten lässt, sehen wir in China.

Vollends entmenschlicht wäre aber unsere Sicherheit, wenn wir sie nicht mehr selbst verantworten, sondern dies der KI überließen. Denn diese birgt zum jetzigen Zeitpunkt gewaltige Gefahren, die wir vor ihrem Einsatz benennen und in den Griff bekommen müssen.

Künstliche Intelligenz testen, beaufsichtigen, kontrollieren

Wunsch und Wirklichkeit liegen oft sehr weit auseinander. Bei Tests selbstfahrender Autos in den USA starben bis zum Herbst 2019 sechs Menschen. Zumindest in einigen Fällen ist das auf Unzulänglichkeiten des Autopiloten zurückzuführen. Selbstfahrende Autos sollen insgesamt dennoch weniger Todesfälle verursachen als von Menschen gesteuerte. Sie werden – wenn sie einmal weit verbreitet sind – ganz bestimmt den Verkehr sicherer machen. Aber es ist wichtig, sich die Fehlbarkeit von künstlicher Intelligenz vor Augen zu führen. Denn das Beispiel zeigt, dass der um sich greifende Einsatz von KI durch Justiz und Polizei zum jetzigen Zeitpunkt vermessen ist, weil sie sich bei unserer Vermessung zu oft vermisst.

Die Daten, mit denen KI die Erkennung von Mustern beigebracht wird, strotzen selbst von Vorurteilen. Diese Vorurteile werden mitdigitalisiert. Intelligente Videokameras liegen bei der Erkennung von Gesichtern schwarzer Menschen, insbesondere schwarzer Frauen, bis zu zehn Mal häufiger daneben als bei Gesichtern weißer Menschen. Falsche Verdächtigungen drohen bei der automatisierten Suche nach Terroristen aber auch aus statistischen Gründen: Würde unter allen 30 Millionen Menschen, die täglich Bus und Bahn benutzen, nach bekannten Terroristen gesucht, dann würde selbst eine sehr geringe Fehlerquote von 0,1 Prozent zu täglich 30000 falschen Verdächtigungen führen. Aber das erkläre eine Betroffene einmal dem Polizisten, der sie einem Signal seiner Datenbrille folgend aus der Menge zieht, befragt, durchsucht und ihre Fingerabdrücke abgleicht.

KI darf deshalb Verbrechen nur bekämpfen, wenn sie nicht diskriminiert und ihre Fehlerquote so gering ist, dass sie mehr nützt als schadet. Es genügt nicht, wenn sie nur genauso viel diskriminiert und genauso treffsicher ist wie ihre menschlichen Pendants. Denn Maschinen entscheiden massenhaft, betreffen also viel mehr Menschen, und drohen Mängel im Entscheidungsprozess zu verfestigen, weil wir sie seltener hinterfragen.

Der Algorithmus darf nie heilig werden, Kritik an ihm nie Gotteslästerung. Betroffene müssen deshalb die Ergebnisse stets in Zweifel ziehen können. Dazu haben Algorithmen transparent zu sein und für die Betroffenen verständlich. Bis Algorithmen fehlerfrei funktionieren, muss außerdem ein Mensch jede wesentliche Entscheidung überprüfen – ob in der Sozialhilfe, vor Gerichtsbeschlüssen oder Überwachungsmaßnahmen. Ein Mensch, der für das Ergebnis geradesteht; um den Anreiz für kritische Kontrolle zu erhöhen, auch unter der Androhung von Disziplinarstrafen.

Und nie dürfen uns KI und Staat bis in die letzten Winkel folgen und durchleuchten.

AfD-Test, Index und Verfallsdatum für neue Sicherheitsgesetze

Der Staat ist ein seltsamer Organismus. Er dient und schützt, versorgt und fördert uns, ist aber zugleich zu einem Eigenleben fähig, das unseren Interessen zuwiderlaufen kann. Immer dann nämlich, wenn es persönlich wird: Wenn ein Minister einen politischen Erfolg erzwingen oder Fehlverhalten unter den Teppich kehren will, wenn sich Gier und Machtgelüste vor Pflicht und Anstand schieben, dann leidet das Gemeinwohl zugunsten privater Interessen. Wir können deshalb der öffentlichen Hand nicht blind vertrauen, sondern müssen ihr sehr genau auf die Finger schauen.

Vor allem gilt das für Geheimdienste und Polizei. Denn ihr Respekt vor unseren Rechten entscheidet über Wohl und Wehe der Demokratie. Diesen Respekt müssen Polizistinnen und Polizisten im Alltag beweisen, aber auch die Gesetze, auf die sie sich stützen. Je mehr ein Gesetz erlaubt und je vager die Voraussetzungen für einen Eingriff in unsere Grundrechte sind, desto größer die Gefahren für unsere Freiheit. Denn es liegt dann immer stärker im Ermessen der Polizei und ihrer Führung – nicht der späteren Einschätzung eines Gerichts –, ob sie tätig werden darf oder nicht. Gesetze müssen deshalb stets das Risiko für ihren Missbrauch minimieren.

Jede neue Befugnis für Polizei und Geheimdienste muss den AfD-Test bestehen: Würden wir sie einem AfD-Innenminister überlassen wollen? An diesem Test scheitern schwammige Begriffe wie die »drohende Gefahr« im bayerischen Polizeiaufgabengesetz oder zu geringe Eingriffsschwellen für intensive Maßnahmen wie die heimliche Onlinedurchsuchung von Smartphones und Computern.

Aber auch jenseits des AfD-Tests bedarf es einer Obergrenze für Beschränkungen der Freiheit. Das Bundesverfassungsgericht hat einst zu Recht verlangt, neue Sicherheitsgesetze als Summand einer »Überwachungsgesamtrechnung« zu begreifen. Nicht nur der letzte Schritt ist zu bewerten, sondern der ganze Weg, den wir gegangen sind. Allerdings ist eine solche Rechnung äußerst kompliziert. Welche erhobenen Daten zählen wie viel? Was bedeutet eine oberflächliche Überwachung aller Bürger im Vergleich zu einer tiefschürfenden Überwachung von wenigen? Kommt es auf die gesetzlichen Befugnisse oder ihren praktischen Gebrauch an? Und wenn der Wert ermittelt ist – wann ist es zu viel? In der Rechtspraxis hat die Überwachungsgesamtrechnung deshalb noch keine Rolle gespielt. Das muss sich trotz der genannten Schwierigkeiten ändern: Wir sollten Überwachungsbefugnisse indexieren. Wir könnten für den Gesetzesstand zu einem bestimmten Zeitpunkt den Wert 100 festlegen – und einen Maximalwert für die Zukunft bestimmen, zum Beispiel 102. Neue Gesetze müssten dann – von unabhängigen Fachleuten – ins Verhältnis zum bereits vorhandenen Überwachungsniveau gesetzt werden. Würde durch eine neue Befugnis der Maximalwert überschritten, müsste der Gesetzgeber vor ihrer Einführung zunächst eine alte Überwachungsmaßnahme abschaffen.

Außerdem brauchen wir ein Verfallsdatum für Sicherheitsgesetze. Das würde vermeiden, dass Freiheitsbeschränkungen in Kraft bleiben, die nichts nützen. An sich sollte das selbstverständlich sein. Denn im Rechtsstaat gilt das Prinzip, dass jeder Grundrechtseingriff einer Rechtfertigung bedarf. Doch in der Praxis umschifft der Gesetzgeber diesen Grundsatz viel zu oft, indem er sich auf seine sogenannte Einschätzungsprärogative stützt. Wegen dieses vom Bundesverfassungsgericht eingeräumten Spielraums kann das Parlament auch Gesetze erlassen, deren Eignung unklar ist. Wie zum Beispiel die bereits erwähnte massenhafte Auswertung von Fluggastdaten. Das darf jedoch dann nicht mehr gelten, wenn die Wirksamkeit überprüft werden kann. Eine solche sachverständige Prüfung nach spätestens zwei Jahren muss zur Regel für jedes Sicherheitsgesetz werden, ebenso seine Aufhebung, falls die Wirksamkeit nicht nachgewiesen ist.

Das würde auch reale und virtuelle Räume wieder öffnen, die der Staat zu Unrecht geschlossen hat.

Freiräume erhalten

Eine Demokratie braucht Platz. Für Diskussion, Information und die freie Entfaltung der Persönlichkeit. Auch für Verhalten und Meinungen, die die Mehrheit ächtet, ohne dass sie strafbar sind. Menschen müssen sich bei uns verstecken können, wenn sie politisch verfolgt werden. Sie müssen sich ohne Angst vor Vergeltung der Presse anvertrauen können, um von Missständen in Unternehmen oder Behörden zu berichten. Sie müssen frei von Diskriminierung zum Beispiel Kontakt zu anderen Homosexuellen oder politisch Gleichgesinnten pflegen können. Sie müssen sich über Krankheiten und den Umgang mit einer Sucht informieren können, über Lasten der Kindererziehung, über Frust im Job, ohne dafür an den Pranger gestellt oder anderweitig bestraft zu werden.

Deshalb ist es wichtig, dass der Staat diese notwendigen Freiräume erhält, statt sie zu verkleinern. Das gilt ganz besonders im virtuellen Raum. Er bietet Minderheiten, JournalistInnen, WhistleblowerInnen und Ratsuchenden die Möglichkeit, von ihren Freiheitsrechten anonym Gebrauch zu machen. Deshalb sind Forderungen von Sicherheitspolitikern so gefährlich, man solle im Netz nur noch seinen Klarnamen verwenden dürfen.

Anonymität ist Schutz. Auch Strafen für den Betrieb von sogenannten Tor-Netzwerken, über die man anonym im Internet surfen kann – und in denen auch das »Darknet« liegt, in dem man Drogen und Waffen findet –, sind zu kurz gedacht. Die allermeisten Menschen nutzen Tor-Netzwerke aus legitimen Gründen, etwa um sich der Überwachung durch Unternehmen oder der Internetzensur ihrer autokratischen Regierung zu entziehen. Wir schließen auch nicht öffentliche Parks, nur weil in manchen Ecken Drogen verkauft werden.

Schließen sollten wir jedoch die Lücken, die unsere Verfassung Autokraten bietet.

Autokratiefeste Verfassung

Wir können uns beim Schutz unserer Freiheit nicht auf das Bundesverfassungsgericht verlassen. Das Gericht erklärt Gesetze nur für nichtig, wenn sie die Grenzen des Grundgesetzes überschreiten. Aber unser Anspruch an die Politik und an uns selbst darf es nicht sein, die Freiheit stets an seine Grenzen zu treiben – und dadurch zwingend auch mal darüber hinaus. Einem höheren Anspruch würden wir durch die Umsetzung der obigen Vorschläge genügen.

Aber das Bundesverfassungsgericht ist trotzdem unschätzbar wertvoll, weil es uns vor den gröbsten Eingriffen in unsere Freiheit schützt. Deswegen muss es gestärkt werden, auch finanziell. Das mehr Skandale auslösende als Terroristen jagende Bundesamt für Verfassungsschutz hat ein Budget von über 420 Millionen Euro. Das Bundesverfassungsgericht muss sich mit nicht einmal 35 Millionen Euro begnügen, dabei schützt es die Verfassung sehr viel besser als das Bundesamt. Mit einem größeren Budget könnte man die Zahl der Richterinnen und Richter oder ihrer Angestellten erhöhen und das Gericht könnte mehr Entscheidungen in kürzerer Zeit treffen.

Aber wer schützt das Gericht? Zum Beispiel vor einer autokratischen Regierung, die keine richterliche Kontrolle wünscht? Das Grundgesetz selbst nur unzureichend. Zwar sind Existenz und Kompetenzen des Gerichts darin geregelt. Und die Hürden für eine Änderung des Grundgesetzes sind hoch: Zwei Drittel der Stimmen des Bundestags und des Bundesrats sind dafür erforderlich. Aber auch jenseits von Verfassungsänderungen könnte ein dem Gericht feindlich gesinntes Parlament einiges tun, wie in Polen und Ungarn geschehen. Zum Beispiel den Modus der Wahl neuer Richterinnen und Richter ändern, der in einem einfachen Gesetz geregelt ist. Auch könnte es die beiden bestehenden Senate aus je acht Personen um weitere ergänzen (in den USA »Packing« genannt) und den neuen Senaten die Zuständigkeit für die wichtigsten Verfahren zuweisen. Oder es könnte

dem Gericht die Möglichkeit entziehen, verfassungs-
widrige Gesetze für nichtig zu erklären.

Um das Bundesverfassungsgericht vor Autokraten
zu schützen, müssen wir – solange die demokrati-
schen Parteien eine entsprechende Mehrheit haben –
die Einzelheiten seiner Zusammensetzung und die
Wirkung seiner Entscheidungen ins schwerer ver-
änderliche Grundgesetz aufnehmen.

Bedenklich ist auch, dass das Grundgesetz das
Verhältniswahlrecht nicht garantiert. Das bedeutet,
es wäre auch ein Wahlrecht möglich, in dem nicht
die Stimmverhältnisse der einzelnen Parteien über die
Zusammensetzung des Parlaments entscheiden, sondern wie in den USA stets die Partei mit den meisten
Stimmen in einem Wahlkreis das Mandat gewinnt.
Das ist gefährlich, weil es der stärksten Partei – auch
wenn sie nur ein Viertel der Stimmen oder weniger
erhält – eine absolute Mehrheit oder mehr sichern
kann. Es fördert außerdem ein Zweiparteiensystem,
in dem viele Stimmen ungehört verpufften. Ein solches Wahlrecht wäre undemokratisch und muss im
Grundgesetz verboten werden.

Diese und ähnliche Vorschläge errichten zwar für
eine entschlossene autokratische Regierung keine un-
überwindbaren Mauern. Aber auch Hindernisse sind
wichtig, denn sie verlangsamen den Staatsumbau so
stark, dass Protest und ein erneuter Machtwechsel
möglich bleiben, bevor alles zu spät ist.

Um das zu gewährleisten, müssen wir uns jedoch
beeilen.

Die Zeit ist knapp

An einer Statue des Schriftstellers George Orwell vor dem Hauptsitz der BBC in London ist folgendes Zitat zu lesen: »Wenn Freiheit überhaupt etwas bedeutet, dann das Recht, anderen zu sagen, was sie nicht hören wollen.«

Genau das tut dieser Band, genau das tue ich in meiner täglichen Arbeit als Anwalt bei der Gesellschaft für Freiheitsrechte, die Verfassungsverstöße vor Gericht bringt, aber auch als Bürger, der fordert: Wir müssen für unsere Freiheit kämpfen!

Aber nicht gegen Roboter. Die große Gefahr der künstlichen Intelligenz liegt nicht darin, dass sie die Menschheit einmal unterjochen könnte, sondern in ihrem die Freiheit zerstörenden Einsatz durch uns Menschen. Ich plädiere deshalb nicht gegen eine Übertragung von Verantwortung auf Maschinen. Ich plädiere vielmehr gegen eine Übertragung von Verantwortung auf Maschinen, die unter der Kontrolle von Menschen stehen, deren Interessen sich nicht mit denen der Bürgerinnen und Bürger decken. Auf unzulängliche Maschinen, die diskriminieren und unser

Selbstvertrauen zerstören. Auf Maschinen, die uns total erfassen, unser Verhalten vorausberechnen, uns in Schubladen stecken und nicht wieder herauslassen.

Wir können all das verhindern. Wir kennen noch das Leben in Freiheit, unsere Nachfahren könnten im Zoo zur Welt kommen, ignorant und bequem. Sie würden nichts anderes kennen als ein Leben, in dem unsichtbare höhere Intelligenzen sie permanent beobachten, versorgen, unterhalten und vor den Widrigkeiten ihrer Umwelt beschützen.

Wenn wir ein solches Leben für unsere Kinder nicht wollen, wenn wir glauben, dass sie und alle Menschen in Freiheit glücklicher sind als unter der Aufsicht von Algorithmen, wenn wir ihre und unsere Würde bewahren möchten, dann müssen wir handeln!

Ja, wir sind alle manipulierbar, leicht zu verängstigen und bequem. Aber wir sind auch in der Lage, all das zu erkennen und uns gegen die Fremdbestimmung durch Unternehmen, den Rechtspopulismus und den Staat aufzulehnen! Wir müssen hinterfragen, ob die Angebote von IT-Konzernen und Sicherheitspolitikern uns wirklich mehr nützen als schaden. Wir müssen Forderungen wie die obigen an sie formulieren und die Freiheit schützende Parteien wählen. Wir müssen die Marktmacht und die Instrumente der Europäischen Union nutzen, um unsere Werte gegenüber China und auch den USA zu verteidigen. Wir müssen auf ersetzbare Datenfresser verzichten und für freiheitsschonende Dienste auch einmal bezahlen.

Jeder Einzelne von uns ist gefragt, um die größte Errungenschaft der Menschheit zu retten: unsere Selbstbestimmung, unsere Freiheit!

BIJAN MOINI, 1984 bei Karlsruhe geboren, ist Jurist, Politologe und Bürgerrechtler mit deutsch-iranischen Wurzeln. Nach Promotion und Referendariat in Hongkong und Berlin arbeitete er als Rechtsanwalt für eine Wirtschaftskanzlei. Als ihm die Idee zu seinem Roman kam, kündigte er und widmete sich dem Schreiben. 2019 erschien *Der Würfel* im Atrium Verlag. Heute arbeitet er für die Gesellschaft für Freiheitsrechte und tritt im Fernsehen, im Hörfunk sowie in Print- und Onlinemedien als Experte für Freiheitsrechte in Erscheinung. Moini lebt mit seiner Familie in Berlin.

Ebenfalls von Bijan Moini:

Unsere Wirklichkeit wird mehr und mehr von künstlicher Intelligenz geprägt. Dieser brillante Roman erzählt auf packende Weise, wohin uns diese Entwicklung führt: in ein sorgenfreies Leben, über das der perfekte Algorithmus herrscht, genannt »Der Würfel«.

»Spannend, ideenreich, bringt den Leser zum Nachdenken.«
WDR 5 Bücher

»Dieser Roman ist Diskussionsgrundlage. Fesselnd!«
Kurier

»Ein sehr lesenswerter Roman.«
SRF 2 Kulur